誰でも成果を生み出せるメルマガの定石

メール
マーケティング
の教科書

株式会社 WACUL 執行役員 CMO

安藤健作

TEXTBOOK FOR

EMAIL MARKETING

SHOEISHA

本書内容に関するお問い合わせについて

このたびは翔泳社の書籍をお買い上げいただき、誠にありがとうございます。弊社では、読者の皆様からのお問い合わせに適切に対応させていただくため、以下のガイドラインへのご協力をお願い致しております。下記項目をお読みいただき、手順に従ってお問い合わせください。

●ご質問される前に

弊社Webサイトの「正誤表」をご参照ください。これまでに判明した正誤や追加情報を掲載しています。

正誤表　　　https://www.shoeisha.co.jp/book/errata/

●ご質問方法

弊社Webサイトの「書籍に関するお問い合わせ」をご利用ください。

書籍に関するお問い合わせ　　https://www.shoeisha.co.jp/book/qa/

インターネットをご利用でない場合は、FAXまたは郵便にて、下記"翔泳社 愛読者サービスセンター"までお問い合わせください。
電話でのご質問は、お受けしておりません。

●回答について

回答は、ご質問いただいた手段によってご返事申し上げます。ご質問の内容によっては、回答に数日ないしはそれ以上の期間を要する場合があります。

●ご質問に際してのご注意

本書の対象を超えるもの、記述個所を特定されないもの、また読者固有の環境に起因するご質問等にはお答えできませんので、予めご了承ください。

●郵便物送付先およびFAX番号

送付先住所　　〒160-0006　東京都新宿区舟町5
FAX番号　　　03-5362-3818
宛先　　　　　（株）翔泳社 愛読者サービスセンター

はじめに

　本書は、誰でもメールマーケティングで成果を出せるようにする方法を解説しています。

　メールマーケティングとは、メールマガジン（メルマガ）を利用するマーケティングのことです。顧客の態度を変え、購買や集客、ひいては売上向上に結びつけることが目的です。

　本書では、メールマーケティングの基本から実践まで触れていますが、重要視していることは「いかに魅力的な文章を書くか」ではなく「いかに目的を達成するか」です。

　売上向上を成果とするなら、人を惹きつける文章や美しいデザインは必要ありません。メルマガの成果は、「リストの質」「コンテンツ」「タイミング」という3つの要素で決まります。

　その3要素を最適化するために、開封率やクリック率といった指標を確認し、仮説を立て、改善していくプロセスを繰り返します。本書では順を追ってそのプロセスをご説明します。

　「メルマガを配信しているけれど、手間ばかりかかって成果が出ている気がしない」「うちのメルマガは購読解除されすぎているのだろうか？」「そもそも配信先のリストはどうやって集めたら良いのか？」──そんな悩みを抱えている方も、ご安心ください。

　私は、株式会社ラクスのメール配信サービス「配配メール」の事業責任者を6年間務めてきました。現在は、企業のマーケティング支援を担う株式会社WACULにて、執行役員CMOとして自社のマーケティングに取り組んでいます。

　それらの経験を通して、メールマーケティングに取り組んでいる方の悩みを多く伺ってきました。本書でご紹介する、再現性のあるノウハウはきっとその悩みにお応えできます。

　あるいは、「SNS全盛のこの時代に、今更メールマーケティングなんて」と思われる方もいるかもしれません。たしかに、メールマガジンには目新しさはありません。しかし、その重要性が下がっているわけではありません。

　ビジネスパーソンのコミュニケーション手段はまだまだメールが主力ですし、社外の相手なら尚更です。BtoBだけでなく、BtoCでもメールマーケティングは有用です。コストが安く、プラットフォームの方針に左右されず、「誰に刺さったか」を個人単位で識別できます。「SNSかメールか」という二者択一ではなく、それぞれの特性を理解して使い分けることが重要です。

　メールマーケティングに取り組んでいる方も、これから取り組む方も、本書を通じてノウハウを身につけ、成果を手にしていただければ、それに勝る喜びはありません。

2024年7月
安藤 健作

3

CONTENTS

第 2 章　質の高いリストをつくるプロセス

第 3 章　手間を省いて成果を生み出すコンテンツの型

第 4 章 読まれるための配信タイミング

第 5 章 振り返りとテクニックで成果を最大化する

第 6 章 迷惑メール扱いを防ぐ対策と知っておくべきメールの法律

序章

なぜ、メールマーケティングか？

本章では、隆盛するSNSなどマーケティングの手段が多様化する現代においてメールマーケティングに取り組むべき理由をお伝えします。メールマーケティングの強みを紹介し、「手間のわりに成果が出ない」といった誤解を解き、実際に成果を挙げるための「3要素」を説明します。

メールマーケティングの強み

はじめにでも述べたとおり、**メールマーケティングとは、メールマガジン（メルマガ）を利用するマーケティングのこと**です。**顧客の態度を変え（態度変容）、購買や集客、ひいては売上向上に結びつけることが目的**です。

マーケティングの手段は多種多様です。本章では、その中でなぜメールマーケティングを行うのか、その理由をお話しします。まずはメールマーケティングが持っている強みをご紹介します。

0-1-1. SNS時代のメルマガ

「今期からメールマーケティングに力を入れていく」と決まったとき、よくある反応の1つが「今更メルマガなんて」というものです。

たしかに、プライベートなコミュニケーションの手段にメールが使われていたのは一昔前の話で、いまではLINEやInstagramなどのSNSでのコミュニケーションが主流です。今後も親しい人たちとのコミュニケーションの手段として、メールを使用する人が減少し続けることに疑いの余地はありません。

しかし、このことから「メルマガの時代は終わったので、これからはSNSだ」と結論づけるのはいささか短絡的であると言わざるを得ません。

例えば、株式会社ラクスによる「メールマガジンに関する意識調査2024」[1] では、40%が「メルマガがきっかけで商品を購入したことがある」と回答しています。このことは、**今なおメルマガがマーケティング**

----

1) https://mailmarketinglab.jp/mailmagazine-report-2024/

手段として有効であることを示しています。

メールと SNS、それぞれのコミュニケーションチャネルの特性を理解して上手に使い分けることが重要です。

0-1-2. メール・メールマガジン・SNS の特性

それでは、メール・メールマガジンと、SNS の特性を具体的に比較してみましょう。

■ 社会のインフラとなっているメール、企業のプロダクトである SNS

メールは全世界で使われているスタンダードな規格であり、社会のインフラとなっているのに対して、SNS はあくまでも一企業によるプロダクトです。ある SNS で獲得したユーザー情報は、基本的にはその SNS 内でしか使用できません。

また、**SNS 広告はプラットフォームのアルゴリズムによって表示が左右される可能性もあります。**SNS 広告では、広告の配信タイミングや配信頻度についてはプラットフォーム側の取り決めに従わざるを得ず、必ずしも広告主の希望通りに配信することができません。

いつ、誰にそのコンテンツを見せるかは SNS の運営企業に決定権があり、広告量のコントロールが行われているのです。

一方、**メルマガの場合は、いつ、誰にそのコンテンツを見せるかの決定権は配信元が持っています。**

さらに、SNS には流行り廃りがあります。かつて国内で隆盛を誇ったmixi も、今では話題に上ることは少なくなりました。今後もこうした栄枯盛衰は続きます。例えば、いま「LINE は普及率も高いし大丈夫だろう」と思う方もいるかもしれませんが、すでに私の中学生になる子供は「LINE は親とのやりとりにしか使わない。友達とは Instagram だよ」と話しています。

このことは、長い時間をかけて集めた顧客リストが、プロダクトが廃

れた場合やプロダクトの提供元が撤退判断を行った場合に、無に帰して
しまう可能性があることを意味します。

■ 情報の質と量に優れるメール、即応性と拡散力で勝るSNS

　あるメディアの企画にて、大手BtoC企業の方々のインタビューをし
たことがあるのですが、共通するのが**「SNSは短期型のコミュニケー
ション、メールは長期型のコミュニケーション」**という使い分けでし
た。

　新商品が発売された時や期末セールを始める時などのお知らせは、
メールよりもSNSでの案内に瞬発力があり、売上が大きくなります。

　例えばLINEにメッセージが来ると、スマートフォンのロック画面に
通知（プッシュ通知）が表示され、ついついアプリを開いてしまうという
経験は皆さんお持ちだと思います。

　また、X(旧Twitter)のリポストキャンペーンに参加されたことがある方
や、気になる商品やイベントの情報をSNSでシェアした経験のある方
も多いでしょう。こうした拡散力はSNSの強みです。

　一方でメールについては、プライベートなコミュニケーションで使用
することもあまりないため、スマートフォンでの通知を切ってしまって
いるという人も多いでしょう。自分のもとに届いたメールマガジンを他
人に転送することも稀だと思います。

　このような違いから、即応性や拡散力が求められる発信については
メールよりもLINEをはじめとするSNSの方が強いのです。

　しかし、あまりにもプッシュ通知の頻度が高いと、顧客に通知を切ら
れてしまう可能性があるため、LINEで送るメッセージは厳選する必要が
あります。

　そのため、ブランドヒストリーやロイヤリティプログラムといった、
顧客を引き寄せるようなメッセージはメールで行うのです。

　なぜメールなのかというと、メールはフォーマットの自由度が高いた

めです。メールは画面のレイアウトだけではなく、文字数や画像数にも制限はないため、そのブランドが伝えたいことを自分たちなりの方法で表現することができます。**情報の質と量ではメールの方が優れている**のです。

■ メルマガはコストパフォーマンスで優位

ここまで、SNSと比較したメール（マガジン）の特性を述べてきましたが、ほかのマーケティング手段とも比較してみましょう。

メールマーケティングサービスを提供する米国のupland社による調査「2019 Email Marketing Industry Census」[2)] によると、**メールマーケティングがマーケティング手段として投資収益率の観点から「優秀」「良い」と回答した人は73％おり、SEOやPPCよりも高く評価されている**ことがわかります。

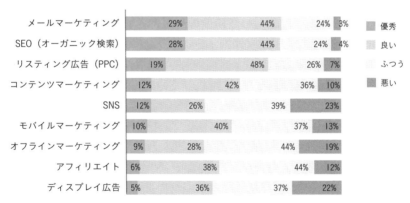

■ 図 0-1 「投資収益率の観点から、次のチャネルまたは分野をどのように評価しますか？」という質問に対する回答結果（出典：「2019 Email Marketing Industry Census」、著者訳）

2) https://uplandsoftware.com/adestra/wp-content/uploads/sites/33/2020/06/2019-Email-Marketing-Census.pdf

そしてその大きな理由として、**メルマガはコストの面でも優位性がある**ことが挙げられます。

メールマーケティングを実施する際はメール配信ツールを利用することが一般的ですが、それらの利用料は必ずしも高価ではなく、月額数千円で導入できるものもあります。

ほとんどのメール配信ツールはメールの配信回数を制限していないので、1回当たりの配信で計算すると、かかるコストはメールアドレス1つにつき、月に1円ほどです。

また、メールのコンテンツ自体も自分たちで作ることができるので、外部のデザイナーやライターに発注しなくても実施できます。

コストの観点では、費用の面だけでなく工数の面でも、一度の配信で大量の顧客にメッセージを届けられるというのは大きなメリットです。

仮に見込みの顧客が1,000人いたとして、営業担当者が電話でコミュニケーションを取ろうとするとそれだけで1カ月は過ぎてしまいます。しかし、メールならばほんの数時間の作業でそれができてしまうのです。

小さいコストにもかかわらず、きちんと成果にもつながります。イギリスのデータ＆マーケティング協会（DMA）による調査「Marketer email tracker 2019」[3] によると、メールマーケティングのROI（投資収益率）として、1ポンドにつき42ポンド強のリターンが得られるとの結果が示されています。

とても小さなコストで手軽に始めることができ、大きなリターンを得ることができるメールマーケティングは優れたマーケティング手段であることは間違いありません。

....

3) https://dma.org.uk/uploads/misc/marketers-email-tracker-2019.pdf

234

0-1-3. BtoBにおけるメルマガの強み

　ここまで、BtoCを主に想定してSNSなどと比較しましたが、近年、私のもとには圧倒的にBtoB企業からの相談が多いです。

　BtoB企業においては、「**デマンドジェネレーション**」というマーケティングの概念が一般化しており、その流れで新たにメールマーケティングに参入しようという企業が増加しています。

　デマンドジェネレーションとは、2005〜2006年ごろから米国を中心に広まったマーケティングの考え方で、直訳すると「需要の創出」という意味になります。ここでの「需要」とはいわゆる「営業案件」のことです。

■ 顧客の購買タイミングを逃さないリードナーチャリング

　営業案件を創出するための活動、つまりデマンドジェネレーションは大きく3つの活動で構成されます。

- 営業案件の獲得（リードジェネレーション）
- 営業案件の育成（リードナーチャリング）
- 営業案件のラベル付け（リードクオリフィケーション）

　このうち**リードナーチャリングにおいて、メルマガが重要な位置を占めています**。デマンドジェネレーションの考え方が、日本でも2010年ごろから徐々に浸透していったことで、BtoBでもメルマガが注目されるようになっていったのです。

　営業案件の獲得方法にはさまざまな手段がありますが、セミナーや展示会といったイベントを実施すると短期間で大量の営業案件を獲得できます。

　しかし、イベントで獲得した案件は玉石混交であり、将来顧客になり

うる営業案件もあれば、まったく対象外の営業案件も含まれます。

　営業担当者はそのすべての案件に等しくアプローチをするほどの余裕はありませんので、接客した時の感触や名刺の肩書などを参考に、「確度が高い」と判断した営業案件を優先してアプローチしていきます。

　しかし、営業担当者による確度の読みは完璧ではありません。「確度が低い」と読んだ案件にも、実はアプローチをすれば営業案件となるはずだったものも多く含まれているのです。

　そもそも、確度が高いと判断した案件でも、そのすべてがその場で受注でき、顧客となるわけでもありません。案件のうちそのタイミングで受注し、顧客となるのはせいぜい30％ほどでしょう。

　では、残り70％の失注となった営業案件はもう無駄なのでしょうか？ いいえ、そんなことはありません。

　その時は失注したとしても、時間が経過することで、再度検討の俎上（そじょう）に載せるというケースが往々にしてあるからです。例えば、失注時は競合製品を導入したが、あまりよくなかったので乗り換えを考えていたり、失注時はまだ将来に備えての情報収集が目的だったが、無視できないほど課題が顕在化してきたり、親会社が変わって予算に余裕が出てきたり、といった場合です。

　確度が低いと判断したために、担当者がアプローチしきれなかった営業案件でも状況の変化は起こり得ます。

　担当者がアプローチしきれなかった営業案件や、アプローチしたけれども受注に至らなかった営業案件と、継続的にコミュニケーションを取り続けて、購買意欲を育成し受注へと繋げていく（＝再度営業案件化する）というのが、リードナーチャリングの背景にある考え方です。

「購買意欲を育成」というと、継続的なコミュニケーションによって階段を上るように意欲が高まっていく印象を受けますが、私はどちらかというと**「キープインタッチ（連絡を保つ）」を行い、顧客の状況の変化による購買タイミングを逃さないことがリードナーチャリングの役割**だと

考えています。

■ リードナーチャリングにメルマガが最善な理由

リードナーチャリングを行う際に使用するコミュニケーションの手段にはさまざまなものがあり、一対一のアプローチに限定されません。一対多の情報伝達もコミュニケーションの一種なので、広告やオウンドメディアでの記事公開などもそれに当たります。

リードナーチャリングにメルマガが最善な理由の1つは、前節でも触れたとおり、コストパフォーマンスに優れることです。

また、コストパフォーマンスと同様に重要な理由として、日本において**ビジネスパーソンが日常的に使用しているメインのコミュニケーション手段がメールである**という点が挙げられます。

一般社団法人日本ビジネスメール協会による「ビジネスメール実態調査2022」[4] によると、仕事上のコミュニケーション手段としてメールを使っている人は98.69％にも達します。

企業においては入社時に個人のメールアドレスが割り当てられるのが通例となっており、多くの社会人は自分専用のメールアドレスを使って仕事をしています。

社内のコミュニケーション手段については、チャットなどのビジネスSNSを利用する企業も徐々に増加していますが、そのような企業でも社外とのコミュニケーションについてはメールを使用している場合がまだまだ多数派です。

すでに取引のある企業同士であればチャットでコミュニケーションを取ることもあるかとは思いますが、まだ契約関係にない見込み顧客と最初からチャットで商談を進めることはほぼありません。

このように、見込み顧客とのコミュニケーションがメール中心である

....

4）　https://businessmail.or.jp/research/2022-result-2/

以上、リードナーチャリングの手段としてメールがもっとも利用されるのは当然の選択と言えます。

　ほかにも、メルマガがリードナーチャリングの観点から選ばれる３つの理由があります。

- ターゲットに確実にメッセージが届く
- 事前の承諾を得ているので信頼関係ができている
- 誰が反応したのかを特定できる

　まずは、１つ目の「ターゲットに確実にメッセージが届く」点を説明します。

　どんなに相手に役立つ情報であったとしても、ターゲットに届かなければ意味がありません。

　営業担当者による訪問や電話によるコミュニケーションは、先方のスケジュールに大きく影響されてしまいます。先方が不在であったり、多忙だったりして面会できないと、届けようと思っていたメッセージは届けられずコミュニケーションが成立しません。

　その点、**メールは、いつ配信したとしても先方のスケジュールに関係なくターゲットのメールボックスに直接情報を届けられます**。メールを受け取った側も、自分の好きなタイミングでメッセージを見ることができます。

　郵送によるダイレクトメールも、メールと同じように相手のスケジュールを考慮する必要はありません。しかし、ダイレクトメールは指定した日時に届けられません。また、会社の郵便受けに集約されて届くため、そのあとターゲットの手元に渡るかどうか不確かな場合もあり、やはりメールの方が優位性があることがわかります。

　続いて２つ目の「事前の承諾を得ているので信頼関係ができている」点について、説明します。

　メルマガを配信するには事前の承諾（オプトイン）を得ていることが法的に必要です。**自身が事前に承諾を出しているため、「知らないところから連絡が来た」と先方に不審がられることはなく、スムーズに情報を届けられます。**

　とはいえ、メールマーケティングの成果の最大化を期待して、メールアドレスをがむしゃらに収集している企業では、概してこのオプトインの設計が甘く、結果として顧客に不審がられ、情報の伝達において失敗している場合があります。適切なオプトインについては 2-2 で解説します。

　最後に、「誰が反応したのかを特定できる」点は、マーケティングの観点で重要なポイントです。

**　メールはSNS広告やリターゲティング広告とは異なり、メッセージを受け取ったうち「誰が」アクションを起こしたのかまで把握できます。**

　SNS広告やリターゲティング広告では、広告をクリックした人が「誰なのか」をそのままでは特定することができないため、メッセージが「誰に刺さったのか（もしくは誰に刺さらなかったのか）」、配信元にはわかりません。

　しかし、メールの場合はメールを開封した人・開封しなかった人、コンテンツ内のURLをクリックした人・クリックしなかった人を、メール配信ツールを用いて知ることができます。

　リードナーチャリングの目的が継続的なコミュニケーションによって態度変容を促すことである以上、誰が反応をしているか、あるいはしていないのかという情報を得ることは重要です。

　ここまでお話ししたように、ビジネスパーソンのコミュニケーション手段の中心であることや、コミュニケーションの取りやすさ、得られる情報の多さ、コストメリットなどを総合的に判断すると、BtoB業界がリードナーチャリングの手段としてメールマーケティングを選択することには理由があるのです。

メールマーケティングは手間のわりに成果が出ないのか

　メルマガは、コンテンツ作りの手間がかかるわりに成果が少ないとお考えの方もいると思います。それはある意味正解です。

　しかし、すべてのメルマガが成果を出せていないわけではありません。また、コンテンツ作りも考え方を変えれば大きく手間を削減できます。

　本節では、成果が少なくなるのはなぜか、コンテンツ作りの手間を省くにはどうすればよいか、説明します。

0-2-1. メルマガはなぜ成果を挙げにくいのか

　0-1-2で述べたように、メルマガは「いつ誰にコンテンツを見せるか」という決定権が配信元にあります。一方で顧客はその結果として、1日に何通（もしくは何十通）ものメルマガを受け取ることになり、煩わしさを感じることもあります。

　当たり前ですが、どんな人であっても1日は24時間と決まっています。その1日のうち、仕事をしている時間、食事をしている時間、睡眠に使う時間など、生活をする上で必要な時間を差し引いた「可処分時間」には限りがあります。

　メールの受信数が増えたからといって、メールソフトを開いている時間も増えていくわけではありません。**人の可処分時間は有限なので、読み飛ばされるメールが増える**ことになります。

　また、これはプライベートな可処分時間だけの話ではなく、勤務時間などのオンタイムにおいても同じことが言えます。

　一般社団法人日本ビジネスメール協会による「ビジネスメール実態調査2022」によると、ビジネスパーソンが1日に受信するメールの平均

は66.87通だそうです。果たして、忙しい仕事の合間にこれほどのメールをじっくりと読む時間はあるでしょうか。

メルマガを発行する企業が増えれば増えるほど、受信者が1日に受け取るメルマガも増えていき、1社当たりのプレゼンスが次第に低下していくため、その成果は落ちていくのです。

BtoC業界においては、メルマガの第1次ブームである2000年代初頭に、すでに有限の時間と成果の奪い合いが起きていました。これは当然、BtoB業界でも同じことが言えます。

0-2-2. メルマガの成果は二極化している

有限の時間の奪い合いの結果、すべての企業が平等に成果を出せない状況にあるわけではありません。**「メルマガで成果が出ている企業」と「まったく出ていない企業」に大きく二極化**しています。

メルマガはマーケティング手法として取り組みやすくても、成果を出しやすいわけではありません。メルマガの施策をしっかりとプランニングしている企業では安定して成果が出せる一方、無計画に行っている企業ではまったく成果が出ないのです。

そして残念ながら世の中には後者の方が多く、これらの企業がメルマガを乱発することで、受信者のメルマガに対する体験価値を下げてきたとも言えます。

メルマガの歴史を踏まえると、取り組んでいる企業が少ないうちは、例えばLINEによるメッセージ広告の効果は高く出るでしょう。

しかし、参入企業が多くなるにつれ、メルマガと同じように「LINEで成果が出ている企業」と「まったく出ていない企業」に大きく二極化するのは間違いありません。

話を元に戻しますが、コミュニケーション手段の中心がメールからSNSに移行したことによってメルマガの成果が低くなったのではなく、メルマガに参入する企業が増えるにつれ、その成果を得られることので

きる企業が減少していたのです。

0-2-3. コンテンツ作成が企業と担当者の 大きな負担になっている

　毎年多くの企業が新しくメールマーケティングに参入する裏で、とても多くの企業がメールマーケティングから撤退する判断を行っています。

　撤退する理由の中でも際立って多いのが、「担当者が異動・退職してしまったため（後任がいない）」という理由です。毎回コンテンツのアイディアを1人で出してメルマガを作っていた担当者がいなくなり、もう続けられなくなってしまったということです。

　実際にメルマガの担当者に対し、「メールマーケティングを行う上での困りごとは何か」というアンケートをとった際に、困りごとの上位に位置していたのが「コンテンツのネタ作り」「何を書けばいいかわからない」といった回答でした。

　また、ラクス社とWACUL社の共同調査[5]によると、半分近くの担当者が1通のメルマガを作成するのに3時間以上かかっていることがわかりました（メールマガジンのテンプレートを用意していない場合）。

....

5） https://wacul.co.jp/lab/posts/mail-marketing_best-practice_
　　report_2

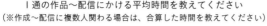

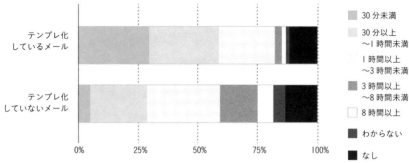

１通の作品〜配信にかける平均時間を教えてください
（※作成〜配信に複数人関わる場合は、合算した時間を教えてください）

凡例：
- 30分未満
- 30分以上〜１時間未満
- １時間以上〜3時間未満
- 3時間以上〜8時間未満
- 8時間以上
- わからない
- なし

■ 図 0-2　１通の作成〜配信にかける平均時間
出典：『「メール送りすぎ？」という遠慮は不要　メールマーケティングの実態調査』

　これらのことから、メールマーケティングを行うにあたって、コンテンツを作成することが担当者の大きな負担となっていること、また、配信元にとっては、その担当者がいなくなってしまったら施策を中止せざるを得ないほど、余人に代えがたい稀有な能力をもった人材が必要であることがうかがい知れます。

0-2-4. メールは7秒しか見られていない

　しかし、担当者・企業どちらにとっても負担となっているコンテンツ作りですが、実は多くの企業で勘違いされていることがあります。
　それは、「メルマガには文章力や充実したコンテンツが必要である」ということです。この考えの裏側には、「面白いコンテンツだから顧客は読み進める」とか「ストーリーで顧客は態度変容を起こす」といった、いわば幻想があります。
　もちろん、文章や充実したコンテンツで購読者を魅了するメルマガが皆無というわけではありません。しかし、あくまで**顧客の態度変容によって成果を挙げることが目的なら、文章力も充実したコンテンツも不**

<u>要</u>です。

　先述したように、人の時間は有限であり、そこに大量のメールが届く状況です。1通のメールにどれほどの時間を割けるでしょうか？

　実際にラクス社でプログラムを使って調査したところ、**顧客がメール1通当たりに使用する平均的な閲覧時間は、実に76%が「7秒以内」**でした。それどころか、全体の32%は「2秒以内」という驚きの結果でした。

　また、人が文章を読む速度は1秒当たり10文字程度であることもわかっています。つまり、メールの閲覧時間が7秒ということは、**7秒×10文字＝70文字未満しか読まれていない**ということになります。

　一字一句丁寧には読まれておらず、ざっと流し読みで読んでいたとしても、2倍の140文字程度がいいところでしょう。この140文字というのをよくあるメルマガに当てはめてみると、以下の図のようになります。

　■ 図 0-3　一般的なメールマガジンにおける 140 文字の範囲

　図のメールの場合は140文字の範囲だと企業が本当に伝えたいことまでたどり着けていないのです。

　そして、一目見た範囲内に「顧客がすべきこと」が書かれていない場合、顧客はじっくり読み続けるのではなく、さっさと次のメールに移動してしまうのです。

　さて、ここまでの内容を踏まえて、自社のメルマガを見返してみてください。そのメルマガは140文字以内で伝えるべきことが伝えられているでしょうか？

「このメールはセミナーや展示会で名刺交換した人にお送りしています」といったようなエクスキューズを文頭に表示していたり、誰も読んでいない時候の挨拶で140文字が消費されていたりしないでしょうか？

　当然、統計上の平均値なので、読まれる時間に長短のブレはあります。しかし、自社のメルマガだけはリッチなコンテンツを配信しても顧客は最後まで読み進めてくれる、という前提で進めた戦略がうまくいくとは思えません。

　このような戦略がうまくいくのは、スポーツチームやアパレルブランドなど、かなりロイヤリティの高い顧客を抱えている一部の配信元に限られ、ほとんどの企業ではうまくいかないのです。

「リッチなコンテンツで顧客が態度変容を起こす」ことを否定するわけではありませんが、本当に自社のコンテンツはリッチにした方が効果的なのか、冷静に見極めて検証することをおすすめします。

　また、そもそもメールから誘導したいランディングページのコンテンツがリッチになっているのであれば、メルマガのコンテンツまでリッチにする理由はないでしょう。

　メルマガは残念ながらそのコンテンツ内で購買や資料請求などのアクションを完結させられません。**メルマガの役割はいかにスムーズにランディングページへ顧客を遷移させるか**というその1点なのです。

0-2-5. コンテンツ作成の手間を省き、再現性のある取り組みに

　仮に検証の結果、自社のメルマガのコンテンツがリッチであることが成果と関係していないということが判明した場合、メルマガの担当者の負担は劇的に減少します。

　誰にも読まれていない文章に頭を悩ます必要がなくなり、伝えるべき内容だけを書けばいいのです。また、会社側も文章力という特殊能力をもった担当者を探し、割り当てる必要がないということになります。

　メールマーケティング施策を個人の能力に依存しない、再現性のある取り組みにできるのです。繰り返しますが、メールマーケティングで必要なスキルは分析力や再現性であり、文章力ではないのです。

　私が企業のメルマガをコンサルティングするとき、優先的に確認するのが、その企業が普段配信しているコンテンツがこの「7秒ルール」に収まっているかどうかです。

　誰にも響かないメッセージをだらだらと書くのではなく、セグメント配信（2-3参照）によって興味・関心度合いが同じようなグループをターゲットにして、顧客のニーズにあった情報をストレートに伝えることが重要なのです。

　さて、コンテンツを作る手間が大幅に削減されたとしても、求める成果が出ていなければメールマーケティングを続ける意味はありません。

　そのためには、どのようにしてメールマーケティングで成果を出すのかを知らなければいけません。

　次節ではメールマーケティングで成果を出す仕組みについて解説します。

コラム

メールマーケティングと相性の良い業種、良くない業種

　BtoB、BtoCの両方で有効なメールマーケティングですが、相性の良い業種と相性の良くない業種は存在します。これまで私が相談を受けてきた経験から、いくつかピックアップしたいと思います。

✎ 相性の良い業種

【BtoB企業全般】

　企業間の主なコミュニケーション手段としてメールが使われるため、BtoB企業においては、メールでのアプローチが効果的。また検討期間も長期にわたるため継続的なコミュニケーションが必要であり、メールマーケティングとの相性が良い。

【高額商品を扱うBtoC企業】

　不動産や自家用車といった、比較的高単価な商材を扱うBtoC企業は、顧客は情報収集の初期段階において住宅展示場やディーラーなどオフラインの場に来場することが一般的であり、メールアドレス以外にも検討状況や予算などの情報も得やすい。

　また、顧客の検討期間も長くなるため、継続的な情報提供などによるコミュニケーションによって態度変容が期待でき、メールマーケティングとの相性が良い。

【ネットショップ】

　主に購入時に入力したメールアドレス宛てに決済や配送に関する連絡が行われるネットショップは、顧客がメルマガから情報を得ることが自然と行われる上に、セールや新商品の案内などコンテンツにできる内容も多い。

　また、フロー型のSNS広告と違い、メールはメールボックス

にストックされるため後から見返して行動に移されることも多く、メールマーケティングとの相性が良い。

【学習塾、習い事】

　一度選択するとそれ以降の乗り換えが発生しにくいこれらのサービスは、検討のために無料の模試やレッスンを事前に受講することが一般的であり、そのタイミングで各種情報を得やすい。

　無料体験実施後は、有益な情報を継続的に配信することが効果的であり、メールマーケティングとの相性が良い。

　これらを勘案すると、検討に熟慮を要する場合、メールアドレスの提供・トレードが容易になされる場合はメールマーケティングの成果が出しやすいと言えるでしょう。

✎ 相性の良くない業種

【地場を基盤とした個人経営のお店など】

　地元の人を相手に商売をしている飲食店やクリーニング店などは、顧客が比較的固定しており、費用対効果や時間帯効果の面で見合わないことが多い。こうした商売においては、即時性のあるLINEによる集客の方が成果は出やすい。

　私が相談を受けた業種のうち、メールマーケティングで成果を出すのが難しいと感じたのは、上記のように顧客が固定化している場合でした。当然ながら、相性が良くないと挙げた業種でも、実際にはきちんと成果が出せているところもあると思います。

　基本的には多くの業種でメールマーケティングの成果を出すことが可能なのです。しかし、ただ何も考えずにメルマガを出すだけで成果が出るという時代はとうに過ぎています。多くの企業がメールマーケティングに参画している今は、いかに効果的なメルマガを出すのか、真剣に考える必要があります。

0-3

メルマガの成果はリストの質×コンテンツ×タイミングで決まる

メルマガで成果を出すことの難易度が上がっている現在、確実に成果を挙げるためには、まず**メールマーケティングの成果は「リストの質」「コンテンツ」「タイミング」のかけ算で決まる**ということを認識しましょう。これら3つの要素を理解し、それに基づいて計画を立て、運用する必要があります。

メルマガを運用するなかで、例えば「開封率とクリック率の変化はきちんと追っている」という方もいるかもしれません。しかし、開封率やクリック率というものは取り組み（プランニング）の結果として出てくる数値であり、その前段階にある3要素を理解していなければ、数値の変化に適切に対応することはできません。

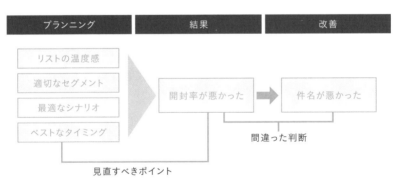

■ 図 0-4　プランニング・結果・改善のプロセス

基本を理解せずに運用すると、開封率やクリック率の変化に一喜一憂してしまい、「開封率が下がってきたから件名のA/Bテストをやろう」とか「クリック率が前回より0.3ポイント落ちたから次回はテンプレートを変えてみよう」といった、誤った意思決定を行いがちです。

メールマーケティングで成果が出ていない企業の多くは、3要素のいずれかを見直すべきであることに気づかず、枝葉の部分の改善に注力しているのです。

0-3-1. リストの質

メルマガの送付先となるメールアドレスのまとまりのことを「**配信リスト**（以下：リスト）」といいます。

メルマガの想定の開封率が10%であった場合、10,000人のリストがあれば 10,000（リストの数）× 10%（想定開封率）で1,000人、5,000人のリストであれば 5,000（リストの数）× 10%（想定開封率）で500人がメルマガを読む計算になります。

これだけを見ると、リストの数を増やしていくことでメルマガの成果も最大化できるように思えてきますが、そんな単純な話ではありません。

その計算が成立するためには、既存のリストとこれから増えていくリストの両者が態度変容を起こす可能性が同一である、という前提条件が必要になるからです。

態度変容を起こす可能性のある顧客をいかに多く集めるかが、質の高いリストの条件です。

サービスがリリースされたばかりであるとか、これまでまったくマーケティングをやってこなかったといった理由で、これから質の高いリストを獲得できる余地がまだまだあるというならともかく、多くの企業において安易に獲得できるリストはいわゆる「薄い営業案件」です。

リストに入った時点では薄い営業案件であっても、時間がたてば態度変容を起こす可能性があるならまだしも、そもそもが「ターゲット外」のリストである可能性も否めません。

これから本格的にメールマーケティングを始めようとする企業は、**「まずは多くのリストを集めることから始めよう」** となってしまいがち

なのですが、それは間違っています。

　通常利用しているリストに、大規模なイベントやプレゼントキャンペーンなどを実施して大量に獲得したリストを追加してメルマガを配信しても、これまでと同じ成果は得られないどころか、実はマイナスの影響すらあるのです。

　メールマーケティングで成果を出すために重要なのは、**リストの量を闇雲に増やすことではなく、態度変容を起こす可能性がある質の高い人たちを大切にし、そのリストに対して適切にアプローチすること**です。

　質の高いリストを集める方法については、第2章で詳しく解説します。

0-3-2. コンテンツ

メルマガの目的をどう設定するかによって、コンテンツの作り方は異なります。

　例えば、サッカークラブがファンに向けて配信しているメルマガで、目的がファンのロイヤリティ維持・向上のように数値化の難しいものなら、選手のプライベートな話などを織り込み、読み物としての面白さを追求するのもよいでしょう。

　しかし、メルマガの配信目的が新作のグッズの販売であるならば、あくまでそのグッズが売れるようにコンテンツの構成を工夫しなければいけません。

　当たり前のことと思うかもしれませんが、実は目的とコンテンツの構成を一致させることができていないメルマガがとても多いのです。

　例えば、BtoBのメルマガでよくあるのですが、配信目的がセミナーへの誘客にもかかわらず、冒頭には季節にちなんだ挨拶文を、文末には編集後記として数行にわたる文章を入れているようなケース。

　はっきり言って、このように本題と関係ない部分をしっかり読んでいる顧客はほとんどいませんし、それを望んでもいません。配信側の担当

者にとっても余計な負担になっています。

　セミナーへの誘客が目的なら、申し込みフォームへスムーズに誘導することがコンテンツの一番の役目であり、時間をかけて工夫しなければいけないはずです。

　また、BtoCのメルマガにおいても、商品説明などをずっとスクロールして、ようやく最後に購買などのアクションにつながるリンクにたどり着くメルマガも散見されます。

　商品の紹介をじっくりと読んで購買意欲を高めてほしいという意図があるのはわかるのですが、大勢の顧客はメルマガをじっくり読むほど暇ではありませんし、もしそれと同じ内容がメールから移動するランディングページに書かれているのであれば、メールに書く意味がありません。

　メルマガを開封した人の全員がリンクをクリックするわけではありませんし、リンクをクリックした人の全員が購買などのアクションを起こすわけではありません。

　コンテンツを作る時間と得られる成果のバランスを考えて、どこに注力すべきかしっかりと考えるべきです。

　コンテンツの作り方については、第3章で詳しく解説します。

0-3-3. タイミング

　ラクス社の「メールマガジンに関する意識調査2020」[6] によると、メルマガを読むか読まないかという問いに対して「全く読まない」と回答した人は6.2%しかいません。

....

6）　https://mailmarketinglab.jp/survey-about-mail-magazine-2020/

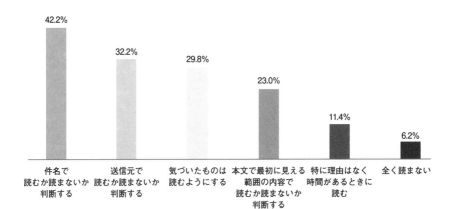

※ 図 0-5　メルマガを読むか読まないかの判断基準（出典：「メールマガジンに関する意識調査 2020」）

　回答を見ると、メルマガを読むか読まないかの判断基準は、「件名で判断」、「送信元で判断」、「気づいたものを読む」の順に多いです。つまり、多くの人はメールボックスの一覧を確認して判断していることがわかります。

　このことは、メールが開封されるためには件名や送信元も重要ですが、そもそも**メールボックスを確認するタイミングで一覧にあるかどうかがもっとも重要である**ことがわかります。

　メールボックスを開いたときに一覧になかったメールは存在しないも同じなのです。

　多くの顧客がメールボックスを確認するのは「手が空いたタイミング」です。 BtoB 企業ならば平日の通勤時間やお昼休み、BtoC 企業ならば夜の余暇時間がベストなタイミングといわれています。

　また、月曜や金曜よりも週の半ばの火曜から木曜にかけての方が開封されやすいとも言われていますが、このような一般的なデータよりも大事なのは**自社の顧客の行動パターンを考える**ことです。

　例えば、あなたがデリバリーピザのメルマガを担当していたとします。上司から土曜日の夜の売上を伸ばしたいというオーダーがあった

ら、いつのタイミングでの配信が効果的か考えてみましょう。

　土曜日の夕飯だからその日の夕方くらいに配信する？　いいえ、その時間だとすでに夜の献立は決まっている可能性が高いので効果は薄いでしょう。

　では土曜の朝方？　いいえ、共働きの家庭の場合、週末に向けて金曜日の夜に買い物を済ませてしまっているかもしれません。

　私だったら、前日の金曜日のお昼前に配信します。週末の予定がまだ立っていない状態でランチタイムにスマホを見て、「明日は久しぶりにピザでも頼むか。子供たちも喜ぶだろうな」と思うことを期待するのです。

　これはあくまでも予想です。実際にはメルマガの配信は1回きりである必要はないので、金曜の昼も土曜の朝も配信する方が効果的です。

　大切なのは、メルマガの購読者がどのような行動パターンなのかを考えることです。

　また、当然ながら1回の配信よりも2回の配信の方が、顧客の目につく機会は多くなります。メルマガの平均的な開封率が20％を切るということは、それだけ多くの人のタイミングを逃しているということでもあります。

　配信頻度を増やせばそれだけ目につく機会も多くなるのは自明ですが、一方で購読解除が増えるのではないかという心配もあるでしょう。

　そのご心配に対する回答も含め、配信のタイミングについては第4章で詳しく解説します。

0-4

メールマーケティングの流れ
と本書の構成

　メールマーケティングはどのような流れで実施するのか、簡単に解説したいと思います。

0-4-1. 目標設定

　メールマーケティングを実施するに当たり、まずはメルマガを配信することで最終的にどれくらいの成果を求めるのかを明らかにする必要があります。

　当然ながら、目標が設定されていなければ成果を振り返ることはできませんし、さらに目標が具体的でなければ打ち手を考えることもできません。

0-4-2. リストの整備

　メルマガを配信するためには、配信リストが必要です。社内に存在する名刺情報などのメールアドレスをリスト化したり、Webサイト経由でメールアドレスを収集している場合はそれをリストにする仕組みを作ったりします。

　さらに、配信先を複数のグループに分けて配信（セグメント配信といいます）するのであれば、その振り分けルールを作成することも必要です。

0-4-3. コンテンツ作成

　リストに対してどのような内容（コンテンツ）のメールを配信するかを考え、作成します。メールの目的に応じて、異なるレイアウト・コンテンツになります。

0-4-4. メール配信

　作成したコンテンツをリストに対して配信します。その際は自社の顧客がもっとも閲覧するであろう曜日・時間帯を考えて配信します。そのほか、配信頻度を調整したり、顧客の状態に応じて特別なメールを配信したりします。

0-4-5. 効果測定と振り返り

　配信したメールがどれほどの成果を挙げたのか、もしくはメールマーケティングで確認すべき各種指標がどれくらいの値であったのかを記録します。

　目標に達していない場合、どの指標があるべき数値と乖離していたのかを確認し、次回に向けてのアクションプランを検討します。

■ 本書の構成

　以上の通り、メールマーケティングを正しく理解して運用するためには、5つのステップを踏むことになります。そこで本書では、これらのステップに沿ってそれぞれのトピックを解説する構成としています。

　第1章では、メールマーケティングを始める準備として、メルマガの考え方や「開封率」や「クリック率」といった各種指標、またメール配信ツールの選び方から目標設定といった、基礎的な内容について解説します。

　第2章では、メールマーケティングの成果を決める3要素の1つ、「メルマガの配信リスト」の効果的な作り方から、成果を出すためのグルーピングの仕方、また日常のメンテナンスまで解説します。

　第3章では、同じく成果を決める3要素の2つ目、「コンテンツ」について、基本となるレイアウトからコンテンツそのものの作り方、そして成果の出るテクニックまでを解説します。

　第4章では、同じく成果を決める3要素の3つ目、「メールの配信タイミング」について、配信時間や配信頻度の説明に加え、ウェルカムメールやステップメールなど、さまざまなタイミングでのテクニックをご紹介します。

　第5章では、配信したメールがどれだけ成果を挙げたのか、またその結果をもって次にどのようなアクションを起こすべきか振り返りの仕方について解説します。

　そして、最後の第6章では、メルマガ担当者の頭を悩ませる迷惑メール問題と、担当者が知っておくべき法律について解説します。

　それでは、本書を通じてメールマーケティングで成果を挙げる方法を身につけていきましょう。

第 1 章

メール
マーケティング
を始める前に

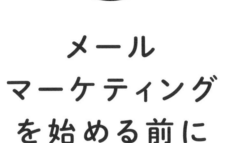

本章では、メールマーケティングを
始める前に覚えておきたい知識や
考え方をご紹介します。メールマ
ガジンの種類と成果を測るための
指標をおさえていただき、メール配
信をする際のツール選定のポイン
ト、目標設定についても解説します。

読ませるメルマガと
動かすメルマガ

　そもそもメルマガには、自治体による広報や学校からのお知らせなど **「情報発信そのものを目的としたもの」** と、ネットショップからの新商品の案内やBtoB企業によるセミナー案内など **「販売促進を目的としたもの」**、または「その両方の特性を併せ持ったもの」の3種類が存在します。

　このうち、**販売促進を目的としてメルマガを配信することを、メールマーケティング** と呼びます。

■ 図 1-1　メルマガの種類とメールマーケティングの範囲

　高級自動車メーカーや高級アパレルメーカーなどいわゆるハイブランドではブランディング活動の一環としてメルマガを配信していますが、これも最終的な目標は販売促進になりますので、メールマーケティングの範疇に入ります。

　なお、近年ニュースレターという言葉もよく聞くようになりました。ニュースレターとは主に新聞社などのメディアや影響力のある専門家が、自身の顧客やファンに向けて情報発信を行う活動を指すことが多い

ようです。

「多いようです」というのは、そもそもメルマガという言葉自体が和製英語であり、メルマガは英語圏では「Email magazine」や「Email Newsletter」と呼ばれています。そのため、本来の「ニュースレター」はメルマガそのものなのですが、日本で最近聞くようになった「ニュースレター」という単語はメルマガとは異なる文脈で使われる場合が多いのです。

　この「ニュースレター」は情報発信を目的とした活動のため、メールマーケティングには含まれません。

「情報発信そのものを目的としたもの」と「販売促進を目的としたもの」、そして「その両方の特性を併せ持ったもの」という分類は、メルマガの配信目的による分類なのですが、その目的を達成するための手段としては**読ませるメルマガ**と**動かすメルマガ**の2つの手法があります。

　まず、「読ませるメルマガ」は、<u>読み物として魅力的なメルマガ</u>を顧客に届けることで、顧客の心をつかみ、長期にわたって良好な関係を築く手法のことです。

「読ませるメルマガ」の代表例としては以下のようなものがあります。

■ **読ませるメルマガの代表例**
- スポーツチームやエンタメ系などの固定ファン向けの会報
- オリジナルプロダクトを持つ単品通販の商品紹介
- ハイブランドによる世界観の共有
- コンサルティング企業によるマーケット情報の発信

　これらの企業・団体が配信するメルマガは、「マガジン」の名にふさわしく、1つずつのメルマガがまるで雑誌の特集のように充実したコンテンツとなっています。

　例えば、高級自動車で知られるメルセデス・ベンツが配信しているメルマガを見てみましょう。

■ 図 1-2　メルセデス・ベンツが米国で配信しているメルマガ

「読ませるメルマガ」の重要なポイントは、何よりもコンテンツです。顧客が喜ぶコンテンツはどのようなものであるか深く考える必要があるだけではなく、スムーズにメルマガを読み進めるためのレイアウト上の工夫も必要です。「読ませるメルマガ」のコンテンツについては、3-3 をご覧ください。

図 1-2 のメルセデス・ベンツの事例では、「特集」形式の記事として 2024 年式の新車や、自社がパートナーを務めるゴルフのトーナメントの紹介などをコンテンツとしています。

また、BtoC 企業が出すメルマガであれば、顧客の多くはスマートフォンでメルマガを受信しています。そのため、スマートフォンの小さな画面でも読みやすいフォントサイズ（文字の大きさ）や、最適な行間隔であったり、読み疲れないように適宜画像を挟むなどレイアウトを工夫したりする必要があります。

そして、「読ませるメルマガ」と対をなすのが「動かすメルマガ」です。「動かすメルマガ」は、**メルマガを読んだ顧客のニーズをタイミングよくつかみ、資料請求やお問い合わせなどの短期的なアクションへつなげる手法**のことです。

■ 動かすメルマガの代表例
- ネットショップによる新商品やセールの案内
- ショッピングセンターのイベント案内
- BtoB 企業によるセミナーの告知

「動かすメルマガ」は「読ませるメルマガ」と異なり、リッチなコンテンツを作る必要はありません。むしろ**端的に情報をまとめて伝えて、目的のページへスムーズに誘導させること**がポイントになります。

残念ながら、メルマガはそれ単体では配信側が求める目標を達成することはできません。例えば、商品の購入やセミナーへの申し込みはメル

マガ内ではなく、メルマガに記載したリンク先のページで行うのが一般的です。

そのため、せっかくメールを開いて読んでくれた顧客を逃さないために、メールを開いた瞬間に顧客に用件と目的が伝わり、アクションに誘導できるようなレイアウトで作成する必要があります。

メールマーケティングの最終的なゴールは販売促進ですので、顧客がメルマガを読んで「あの商品を買おう」とか「このサービスの資料を請求してみよう」といったような**態度変容を起こしてもらう**必要があります。

たとえ、どんなに読み物として面白いメルマガを書いたとしても、成果につながらなければ、メールマーケティングとしては意味がありません。

そういった意味では、読ませるメルマガと動かすメルマガでは、メルマガの作りも担当者に求められるスキルも異なります。

前者は担当者のスキルとして文章力やデザイン力が求められるのに対し、後者では分析力や再現性が求められるのです。

	読ませることを目的としたメルマガ	動かすことを目的としたメルマガ
目的	周知・惹き付け	態度変容・販売促進
見るべきKPI	開封率・数	クリック率・数
必要スキル	文章力・デザイン力	分析力・再現性

■ 表 1-1 「読ませるメルマガ」と「動かすメルマガ」の違い

この違いが曖昧な状態で理解されていることが、大きな勘違いに繋がっています。

メルマガの担当者に任命されると、多くの人が「自分は面白い文章が書けないのだけれども大丈夫だろうか」とか「編集後記のネタ探しが大変そう」という心配をするのですが、**動かすメルマガを作るのであれ**

ば、そのような心配は無用です。

　また、企業側にとっても、**人依存のメールマーケティングから脱却**することが可能です。

「読ませるメルマガ」と「動かすメルマガ」のどちらを採択するかは、メルマガをどのような目的で配信するかで異なってきますが、絶対にどちらかでなければいけないということではありません。

　例えば、ネットショップであったとしても「読ませるメルマガ」を作成することで、顧客との間に長期的な関係性を築くという手法を採択しても良いでしょう。

　ただし、「読ませるメルマガ」を作るのは「動かすメルマガ」を作るよりも何倍も作成難易度が高いということは心に留めておいてください。

「読ませるメルマガ」を作成するためには、文章力やデザインスキルが求められますし、また読み物としてのコンテンツを定期的に作成するための編集会議なども必要になります。

　チームでメルマガに取り組んでいるような企業ならばともかく、1人でメルマガを担当しているような場合は、無理をせず「動かすメルマガ」を採用した方がよいでしょう。

1-2

覚えておきたい指標

メールマガジンを発行していると、「不達率」とか「開封率」といった言葉を耳にすることがあると思います。メールマーケティングの施策において、理解すべき重要な指標は次の5つです。

- 不達率（Bounce Rate）
- 開封率（Open Rate）
- クリック率（CTR）
- 反応率（CTOR）
- 購読解除率（Unsubscribe Rate）

各指標にはベンチマークとすべき数値があるので、この数値より大幅に下回る（もしくは上回った）場合に改善することで十分です。配信のたびに一喜一憂する必要はありません。

1-2-1. 不達率（Bounce Rate）

計算式：エラーアドレス数 / リスト数 ＊ 100
計算例：5 / 1,000 ＊ 100 ＝不達率は0.5%
基準値：5%未満（初回配信時）または1%未満（2回目以降の配信時）

リストのうち、顧客のメールボックスへ正常に届かなかった割合を示します。

不達率が高いと、迷惑メールフィルタによって**迷惑メールとして判定される可能性が高くなります**。また、その状態が恒常的に続くと悪意のあるメールの発行元として迷惑メールの管理機関に登録されてしまいま

す。最悪の場合、その情報が世界中に広く共有され、以降のメルマガが
ほとんど顧客に届かなくなりますのでメンテナンスが必要です。

　迷惑メールの仕組みと対策については第6章で詳しく解説しますが、
成果を出すためのメルマガが相手に届かなくなってしまっては何の意味
もありませんので、不達率については**特に注意すべき指標**であると認識
しましょう。

　不達率はメールを送信した先の受信サーバーから返ってくるエラー
(Bounce)の数を分子に、配信したリストの数を分母として計算します。

　送信した先の受信サーバーが返してくるエラーには「永続的なエラー
(Hard Bounce)」と「一時的なエラー(Soft Bounce)」の2種類があります。

■ 永続的なエラー(Hard Bounce)

　顧客の**メールアドレスそのものが存在しない**という理由でのエラーで
す。

- 退職などによりアカウント（メールアドレスの@の左側）が削除されて
  いる
- 事業終了などによりドメイン（メールアドレスの@の右側）がすでに存
  在しない
- そもそもメールアドレスが間違っている

　永続的なエラーが返ってきた場合は再び送信しても同じ結果になり、
今後も相手に届く見込みはありません。そのため、そのメールアドレス
については、**速やかにリストから削除、もしくは隔離する**ようにします。

■ 一時的なエラー(Soft Bounce)

　何らかの理由により**送信先の受信サーバーが受け取りできなかった**と
いう理由でのエラーです。

- 受信者のメールボックスの容量がいっぱいのため、これ以上の受け取りができない
- 受信サーバーに故障などの異常が起きており受け取りができない
- その他、原因は解明できなかったが受け取りができない

　一時的なエラーの場合は、再度時間を空けて送信することで配信が成功する可能性もあります。

　多くのメール配信ツールでは、一時的なエラーが返ってきた場合は一定期間自動で再送を行い、それでも送信できなかった場合に一時的なエラーとしてシステムに登録されますので、「同じアドレスに対して3回一時的なエラーが返ってきたらリストから削除する」など**自社でルールを決めて管理する**ようにしましょう。

　初めて使用するリストや、前回の配信から1年以上配信していなかったリストを使用するときは不達率が高くなりがちです。そのようなリストを大量に使う際は配信に利用するシステムの管理会社へ事前に連絡し、リストを分割した上で時間を空けて配信するなどの指示に従って配信するようにしましょう。

　不達率の基準値は5％未満と記載していますが、これはあくまでも初回配信時のみです。配信の度に5％に近い値が出ている場合、配信リストが適切に管理されていないと言えます。**2回目の配信以降は不達率が1％未満に収まるように、リストの定期的なクリーニングを欠かさない**ようにしましょう。

　リストのメンテナンスについては2-4で詳しく説明します。

　なお、不達率はメールが正常に届かなかった割合を示すネガティブな指標ですが、同じような指標で正常に届いた割合を示すポジティブな指標として「**配信成功率**」を使用している企業もあるでしょう。

計算式：1 -（エラーアドレス数 / リスト数）＊ 100

計算例：1 -（5 / 1,000）＊ 100 ＝配信成功率は99.5%

基準値：95% 以上（初回配信時）または99% 以上（2回目以降の配信時）

　どちらの指標でもやるべきことは同じなので、管理しやすい方を利用して問題ありません。

1-2-2. 開封率（Open Rate）

計算式：開封数 / 配信成功数（※）＊ 100

計算例：150 / 995 ＊ 100 ＝開封率は15.1%

基準値：15% 以上（BtoBの場合）または10% 以上（BtoCの場合）

※配信成功数 ＝ リスト数 - エラーアドレス数

　配信に成功したリストのうち、購読者によってメールが開封された割合を示します。**分母に使用するのはリストの全数ではなく、配信成功数（メールボックスへ正常に届いた数）である**ことに注意してください。

　なお、開封率を取得できるのはHTMLメールだけであり、テキストメールでは取得できません。HTMLメールのソースコードに視認できないほどの小さなサイズの画像を埋め込み、メールのコンテンツが表示されるタイミングで画像が読み込まれた際の通信データを集計したものを、開封率として計測しているからです。

　そのため、HTMLメールで送信しても、受信者側がメールソフトで画像を表示しない設定をしている場合などはデータが計測できないため、開封数にカウントされません。また、1-2 末尾のコラムで触れる通り、Apple 社の製品では一部開封率の取得が難しくなっており、開封率は少し正確性に欠ける指標であることに留意しましょう。

　開封率は、発行元とリストとの関係性（エンゲージメントともいいます）によって異なってきます。例えば、スポーツチームや芸能人などのファン

クラブが発行するメルマガでは開封率が恒常的に50％を超えることも珍しくありません。一方で、リストを集めるだけ集めて一方的に情報を配信しているだけの企業では1桁台になることもあります。

　一般的には**BtoB企業では15％以上、BtoC企業では10％以上**を1つのベンチマークとしています。

　リストとの関係性以外で開封率に影響するのは次の4つです。

- 配信タイミング
- 差出人名（Fromアドレス）
- メールの件名（タイトル）
- プリヘッダー

　配信タイミングについては第4章で詳しくお話ししますが、購読者が**メールボックスを確認する際に一覧画面にメールが存在していることが何よりも重要**です。

　差出人名（Fromアドレス）、メールの件名（タイトル）、プリヘッダーについては3-1で解説しています。

1-2-3. クリック率（CTR：Click-Through Rate）

計算式：クリック数 / 配信成功数 ＊ 100
計算例：20 / 995 ＊ 100 ＝クリック率は2％
目標値：1％以上

　配信に成功したリストのうち、メールのコンテンツ内のリンクがクリックされた割合を示します。コンテンツ内に複数のリンクがあり、1人の顧客が複数回クリックしたとしても、基本的には「1（回）」とカウントします。開封率と同じく、分母に使用するのはリスト数ではなく、配信成功数（相手のメールボックスへ正常に届いた数）です。

クリック率は開封率とは異なり、すべてのメール種別（テキストメール・HTMLメール）で取得が可能な数値です。**ベンチマークとすべきは1%以上**です。

メールマーケティングの目的が態度変容を起こすことであるなら、もっとも重要なのがこのクリック率です。

先述した通り、メルマガは残念ながらそれ単体では購買や資料請求などのアクションを完結させることはできません。

Googleは2019年に「AMP for Email」という、メールのコンテンツ内で購買や資料請求などのアクションができる仕組みを発表しましたが、技術的なハードルや対応するメールソフトの少なさもあり、いまだ普及していません。

そのため現在のメルマガでは、メールに含まれるリンクをいかに多くの人に押してもらい、アクションが完結できる目的のページ（ランディングページ）へ誘導するかが重要なポイントとなるのです。

■ クリック率を上げるためのコンテンツ作り

クリック率を上げるためのコンテンツやレイアウトの作り方については第3章にて詳しく解説しますが、前提として**多くの顧客はコンテンツを「じっくりと読まない」「スクロールしない」ということを頭に入れてコンテンツを作る**必要があります。

ランディングページへの誘導などを目的としているならば、誘導するリンクとなる**CTA（Call To Action：行動喚起）は必ずファーストビューに入れるようにします。**ファーストビューとは、顧客がメールを開いたとき、画面をスクロールせずに目に入る範囲のことです。

また、CTAはURLの文字列をリンクとするよりも、テキストリンクでは3倍、ボタンリンクでは8倍クリックされる（3-1参照）ことも覚えておいた方がいいでしょう。

「クリックが増えないのはレイアウトよりも、コンテンツに問題がある

のでは？」と聞かれることも多くあります。そもそも配信側が考える「良いコンテンツ」と、顧客側が「良いコンテンツ」と捉えるものにずれが生じているケースを頻繁に見かけます。

　よくあるケースは、配信側が伝えたいことをメールに一方的に詰め込んで、顧客がじっくり読み進めるうちに態度変容を起こすだろうという勘違いです。

　以前私がコンサルティングした企業では、毎年末におせち料理の予約を受け付けており、料理のこだわりを丁寧に記したメールを配信していました。

　素材の産地や作り方について文章や画像で詳細に説明し、文末に「予約する」というボタンを配置する作りです。顧客がメールを読み進めるうちに段々と「美味しそう」と感じ、最後に欲求がピークに達した時点で予約をしてもらおうという意図です。

　しかし、前提として、そもそも多くの顧客はじっくりメールを読まないので、メールのコンテンツに興味をもつ前に離脱されてしまうのです。

　コンテンツによって顧客の考えや欲求を左右するためには、顧客との関係性や読み進めるためのレイアウトなど、高度なテクニックが必要となるのです。

　結局このケースでは、「うちはこれまでこのやり方でやってきた」という上司の溜飲を下げるため、メールのコンテンツはそのままに、最後だけではなくファーストビューにもCTAを置いたところ、予約数は大幅に増える結果となりました。当然ながら、最初のCTAのクリックがもっとも多かったのです。

　こだわりを語りたいという気持ちはよくわかるのですが、まずは定石に沿った改善を行うことをおすすめします。

1-2-4. 反応率（CTOR:Click-To-Open Rate）

計算式：クリック数 / 開封数 ＊ 100

計算例：20 / 150 ＝反応率は13.3%

目標値：5%以上

開封されたメールのうち、コンテンツ内のリンクがクリックされた割合を示します。クリック率と混同しやすいのですが、クリック率の分母が「配信成功数」なのに対して、反応率の分母は「開封数」となります。

　つまり、読まれたメールのうち、どれくらいの人が行動に移したのかを測る指標なのです。

　分母が開封数ですので、正確性には若干欠けます。そのため、あくまで**参考値にはなりますが、それでも必ず数値を追う必要があります。**5%以上をベンチマークとします。

　なぜ反応率を確認しなければいけないかというと、開封率とクリック率をそれぞれ単体で見ると誤った判断をしてしまう可能性があるからです。**非常によくある間違いは、開封率を最大化すればクリック率も比例して増加すると思われがちなことです。**実はそんなことはなく、開封率が高くてもクリック率が低くなる場合は往々にしてあるのです。

　この間違いを犯していると、開封を最大化することに意識が集中してしまい、例えば中身（の一部）を大げさに誇張した件名をつけたりしがちです。それでたしかに開封数は増えるかもしれませんが、コンテンツ自体で顧客を誘引することができないため、クリック数は増えません。

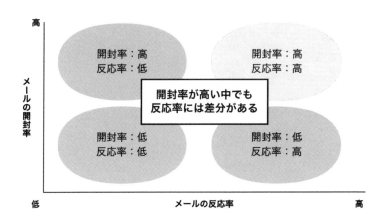

■ 図 1-3　メールの開封率と反応率を軸にとった分類（出典：「クリックしてもらえる可能性が高いメールの件名と本文とは？メールのベストプラクティス研究（Vol.1）」）

　メールマーケティングを実行する上では、図の右上に当たる「開封率が高く反応率も高い」状態が、成果のもっとも大きい状態であり、ここを目指す必要があります。

　反応率のことを理解せずに運用を続けると、例えば「クリック率が高いのにもかかわらず開封率が低い」という結果を見た場合に、問題点が「開封率が低い」ことにあると認識してしまい、件名や配信時間などを修正する施策を採るかもしれません。

　しかし、実際にはメルマガを配信したリストにコンテンツのターゲット外の顧客が多く含まれていたことで、開封率が低くなってしまっていたとも考えられます。その場合、見直すべきはリストのセグメントです。リストとセグメントについては、2-3をご覧ください。

　セグメントを見直すことで、リストの属性とメッセージを対応させ、それぞれのセグメントで最大の成果を挙げられます。

　反応率はその名のとおり、メールのコンテンツに反応した人を測る指標であり、正しい改善へと導いてくれるものですので、しっかりと数値を追ってください。

1-2-5. 購読解除率(Unsubscribe Rate)

計算式：購読解除数 / 配信成功数 ＊ 100
計算例：2 / 1,000 ＊ 100 ＝購読解除率は0.2%
目標値：0.25%未満

　正常に相手のメールボックスに届いたリストのうち、顧客がメルマガの購読を解除した割合を示します。
　購読解除率が高い場合、顧客のニーズと配信しているコンテンツのメッセージが合致していないことを示しています。
　メルマガを初めて配信する際は顧客との関係性もできていない状態ですので、購読解除率は高く出がちです。しかし、購読解除率がベンチマークとすべき0.25%を恒常的に超えている場合は、メルマガの設計自体を見直す必要があります。

■ 購読解除率を下げるために、解除しにくい作りにしてはいけない

　購読解除率については当然低く抑えることが目標とはなりますが、**数値を低く抑えるために購読解除の導線をわかりにくくするという邪悪な行為は絶対にやってはいけません。**
　こうした行為は倫理的な問題があるだけでなく、実利的にも無視できない影響があるからです。
　多くのメールソフトには、届いたメールを迷惑メールとして報告する機能が備わっていることはご存知でしょう。
　購読解除の方法がわからなかった顧客により迷惑メールとして報告されると、その情報がシステムにより集計され、場合によっては**メルマガの**

発行元が悪質な迷惑メールの配信元と認定されてしまうこともあります。

　このペナルティを受けてしまうと、今後のメルマガがすべて迷惑メールとして処理され、配信先に届かなくなるということもあり得るので注意してください。

　特に購読解除をするにあたって、会員ページへのログインを求める設計になっているケースなどでは、顧客は迷惑メールとして報告する傾向があります。

　会員ページへのログイン情報を忘れてしまった場合、パスワードの再発行などの回りくどい手続きをするよりも、メールソフトで迷惑メール報告をした方が圧倒的に手軽だからです。

　このように望ましくない手法で購読解除を少なくしようとすると、手痛いしっぺ返しを食らうことになりかねません。

■ 購読解除は一概に悪いことではない

　購読解除率は低く抑えるべきであるというのは間違いではないのですが、一方で、購読解除されることが悪いこととは限らないのも事実です。なぜなら、**そもそも購読解除した顧客はリストにいるべき人ではない可能性もある**からです。

　メールマーケティングを行う目的が、顧客に購買や申し込みなど何かしらのアクションを取ってもらうことであるにもかかわらず、それらの行動を起こす可能性がない人がリストにいるのは不健全な状態です。

　一例として、私自身の経験をお話しします。以前、あるアパレル企業のネットショップで妻へのプレゼントを購入したのですが、それ以降、私のメールアドレスにはそのショップからのメルマガが届くようになりました。

　しかし、メルマガの内容は「あなたに似合う秋の新作」とか「セールの案内」といった"プレゼントされた側"に向けてのメッセージが主であり、"プレゼントする側"の私には不要な情報だったので購読解除をし

ました。

　もし、メルマガが「プレゼントで喜ばれるアクセサリー」とか「パートナーとお揃いの春夏物」など"プレゼントする側"に向けての内容であれば、購読し続けたかもしれません。

■ **購読解除を防ぐためには、リストに合わせて読者のニーズに沿った情報を**

　この例からもわかるとおり、**購読解除するということは、基本的には「その情報が不要」である**ためです。

　配信する情報と顧客が求める情報の不一致には、「カテゴリーの違いによるもの」「タイミングの違いによるもの」「目的の違いによるもの」などが存在します。

　メルマガを購読解除した理由についてアンケートで尋ねると「配信頻度が多い」という回答も上位にランクインしがちですが、これも「（不要な情報の）配信頻度が多い」ということです。**顧客のニーズに合致している情報であれば、配信頻度が高かったとしても、それほど購読解除されることはありません。**

　購読解除率を下げるためには、リストの精査を行うことでターゲット外の顧客を減らすとともに、「リスト内の顧客とメッセージが一致しているか」ということもあわせて確認するようにしましょう。

■ **5つの指標を理解して、配信ツールで確認しよう**

　ここまでに挙げた「不達率（Bounce Rate）」「開封率（Open Rate）」「クリック率（CTR）」「反応率（CTOR）」「購読解除率（Unsubscribe Rate）」の5つの指標は、メールマーケティングを実施する上で何を示す数値なのか、また、どのようなときに数値が上下するものなのか、それぞれ理解しておく必要があります。

　なお、お使いのメール配信ツールによっては「開封率の分母は、配信成功数ではなく全リスト数である」「クリック率は、同じ顧客がコンテ

ンツ内のクリックした数をすべてカウントしたものを分子とする」など、数値の取り方が若干異なることもあるかもしれません。自社が利用しているツールで示される指標はどのような数値を使っているか、きちんと調べておきましょう。

ポイント

- メールマーケティングで管理すべき主な指標は「不達率」「開封率」「クリック率」「反応率」「購読解除率」の5つである
- 「不達率」は相手のメールボックスへ正常に届かなかった割合を示す指標
- 「開封率」は配信に成功したリストのうち、購読者によってメールが開封された割合を示す指標であり、HTMLメールでしか計測できない
- 開封率に影響するのは「配信タイミング」「差出人名」「メールの件名」「プリヘッダー」の4つ
- 「クリック率」はメールのコンテンツ内のリンクがクリックされた割合を示す指標であり、メールマーケティングの最重要指標
- 「反応率」は開封されたメールのうち、コンテンツ内のリンクがクリックされた割合を示す指標
- 「開封率が高く反応率も高い」状態は成果がもっとも大きいので、ここを目指す
- 「購読解除率」は顧客がメルマガの購読を解除した割合を示す指標

コラム

開封率は今後使えなくなるかも？

2021年6月に開催されたApple社のデベロッパー向けイベント「WWDC21」において、メールマーケティングに関わる人にとっては衝撃的な発表がなされました。

「"メール"アプリのメールプライバシー保護機能は、送信者が目に見えないピクセルを使用してユーザーの情報を収集することを防ぎます。この新機能により、ユーザーがいつメールを開いたかを送信者に知られることを防ぎ、また、受信者のIPアドレスを隠すことでその他のデジタル施策との関連付けや、位置情報を特定されないようにします。」（筆者訳）

これは端的に言えば、「今後徐々に、iOS標準のメールアプリを使用している読者の開封情報がわからなくなる」ことを意味します。

その後の調査によりiOS標準のメールアプリでは、実際に開封したかどうかにかかわらず、すべて「開封した」という情報が送られることが判明しました。

iPhoneを利用している方は、設定画面の「メール」＞「プライバシー保護」へと進むと、「"メール"でのアクティビティ保護」が初期状態で有効になっていることが確認できるでしょう。

2018年には欧州でGDPR（General Data Protection Regulation：一般データ保護規則）が施行されるなど、いまや世界中でプライバシーの保護に関する機運が高まっており、今後、Apple社の方針に追随する企業が相次ぐことは想像に難くありません。

メルマガの読者のうち、相対的にiPhoneユーザーが多いBtoC企業においては、開封率に大きな影響が出ることでしょう。

とはいえ先述したように、そもそも開封率はHTMLメールで受信された分しかカウントされなかったり、受信者のセキュリティソフトが自動でアクセスした分もカウントされたりと、数値としての正確性には欠け、参考値の域を出ません。

Apple社やその他の企業の動向次第で、最終的にはメールマーケティングの指標としては利用価値がなくなる可能性もあることは心に留めておきましょう。

なお、読者による開封アクションを元として次のメールコンテンツのシナリオを分岐させたり、営業部門に通知したりするなどのトリガーについては見直すべきでしょう。

さらに、2023年6月の「WWDC2023」では同年9月にリリースされるiOS17で、プライベート・ブラウジング機能におけるリンクのトラッキング処理について以下のように発表がされました。

> 「一部のWebサイトでは、他のWebサイトでユーザーを追跡するためにURLに追加情報を追加します。今後、この情報はユーザーが"メッセージ"や"メール"で共有するリンクから削除されますが、リンクは引き続き機能します。この情報はSafariプライベート・ブラウジングのリンクからも削除されます。」（筆者訳）

これは、メールコンテンツ内のリンクの追加情報（パラメータ部分）をApple側で削除するという話で、この機能を使用した場合、メール配信側にはクリックしたという情報も通知されないことになります。

あくまでもユーザーがリンクをシェアした場合や、Safariのプライベート・ブラウジング機能を利用している場合に限った話ではありますが、今後もApple社の動向には注意が必要です。

1-3

メール配信ツールの選び方

メールマーケティングを実施するに当たり、配信ツールの選定に悩まれる方も多いと思います。メールソフト、インストール型、クラウド型などといった種類がある上に、製品によって機能や性能も様々です。もちろん、費用も異なってきます。

1-3-1. メール配信ツールの種類と特徴

本節では、どのような視点でツールを選ぶべきかについて詳しく解説します。まずはメールソフト、インストール型、クラウド型の3種類について、それぞれの違いをご説明します。

■ メールソフト

OutlookやThunderbird、もしくはGmailなどといったメールソフトにはBCC（Blind Carbon Copy）という機能があり、これを利用してメルマガを一斉配信できます。しかし、**メールソフトでメルマガを配信することはまったくおすすめできません**。

たしかにBCCを利用することで、受信者自身のメールアドレス以外、つまり他の配信先のメールアドレスは表示されなくなるため、安全に思えるかもしれません。

しかし、担当者が「BCC」欄に入れるべきリストを、誤って「To」や「CC（Carbon Copy）」欄に入力してしまったことで配信先のメールアドレスを大量に漏洩してしまう事故が後を絶ちません。

「うちは気を付けているので大丈夫」という声をたまに聞くのですが、ミスをしてしまった配信元もすべて同じように「気を付けて」いたはずです。

例えば対策としてダブルチェックを導入している企業もあるでしょうが、ダブルチェックは時間の経過とともに形骸化するものです。ダブルチェックを行う2人がお互いに、「○○さんがチェックしただろう」と考えているかもしれません。

　ヒューマンエラーはいつか必ず起こるものとして、事故が起こらない仕組みを作るべきです。BCCではなくメール配信ツールを利用すれば間違いなく漏洩事故を防げるのですから、導入しない手はありません。

　なお、この話をすると官公庁や教育機関などにお勤めの方から「予算が乏しいので、ツールにお金はかけられない」という声を聞くことがありますが、マーケティング目的ではない、単に情報を通知するメルマガを配信する場合は、月額数百円で利用できるツールもあるので、ぜひそちらをご検討ください。

■ インストール型ソフトウェア

　次に、「インストール型ソフトウェア」と呼ばれる、メール配信用のソフトウェアを自社のPCにインストールして使用するタイプのツールについてご説明します。

　インストール型ソフトウェアは買い切り式なのでコストパフォーマンスにはとても優れている一方、メールの送信サーバーは自前で用意する必要があります。

　一般的な共用型のレンタルサーバーでは、メールの送受信はできても一斉配信は禁じられているものがほとんどです。急速にサーバーの負荷が上がってしまうことや、共用サーバーのグローバルIPアドレスが迷惑メール機関に登録されてしまったとき、そのサーバーを利用している他のユーザーにも大きな影響が及ぶことなどがその理由です。

　そのため、インストール型ソフトウェアを利用する場合は、自社内でメールの送信サーバーを構築して運用するか、専用型のレンタルサーバーを借りて運用するかのどちらかになります。当然、そのサーバーの

費用は毎月負担する必要があります。

　しかし、メールの一斉配信に使用するサーバーの運用は難易度がとても高いため、ネットワークやインフラストラクチャーに強いエンジニアを自社で抱えていない限り、インストール型ソフトウェアもおすすめしません。

■ クラウド型サービス

　最後に「クラウド型サービス」について解説します。クラウド型サービスとは、インターネット経由で提供されるメール配信ツールを指し、SendGrid、Benchmark Email、配配メールなどが代表的な製品です。

　製品のウェブサイトから申し込めばすぐに利用できる上、サーバーなどの機材を用意する必要もありません。

　ツールのアップデートや保守・運用などもすべてサービスに含まれた状態で提供されるため、**もっとも気軽に利用でき、主流となっているツール**です。

　一方で、メールソフトやインストール型と異なり、毎月一定のコストが発生するのがデメリットと言えます。

　クラウド型サービスは非常に多くの企業から提供されているため、最初はどのサービスを選んだら良いのか悩むと思いますが、始めるのもやめるのも簡単なのがクラウド型の長所です。製品の評判を確認した上で、使ってみて判断するのも1つの手です。一部の機能を無料で試用できる製品もあります。

■ メール配信機能を持つシステム

　クラウド型を始めメール配信ツールを導入する際に、比較・検討の対象となりやすいのが「CRM・ショッピングカートシステム」と「マーケティングオートメーションツール」です。これらはメール配信を主目的とした製品ではありませんが、メール配信機能を有することがあるためです。

■ CRM・ショッピングカートのオプション機能

CRMやショッピングカートのシステムが、オプションとしてメール配信機能を用意している場合があります。

これらの最大のメリットは、顧客の行動履歴や購買記録と紐づいたメール配信が実現できることです。

例えば、ショッピングカートシステムならば、「直近半年以内に購入した人」や「あるカテゴリーの商品を購入した人」を抽出して、その人だけにメール配信を行うことができます。

ただし、あくまでオプションとして提供しているため、製品によっては、1回当たりの配信件数制限がある、HTMLメールの配信制限がある、迷惑メールとして判定された際の対策がとれない、といった場合もあります。

機能・性能面および迷惑メール対策の面で、自社の求める条件に合致しているか事前に確認するようにしましょう。

■ マーケティングオートメーションツール

マーケティングオートメーションツール（以下、MAツール）は、0-1にてお話ししたデマンドジェネレーションをはじめ、マーケティング活動全般を自動化・仕組み化できる、とても高機能なツールです。

デマンドジェネレーションのうち「リードナーチャリング」はメールマーケティングが有効ですから、当然MAツールにもメール配信機能がついています。

MAツールでメールマーケティングを行う場合、メールの範疇に留まらず、Webサイトでの施策やCRMなど、マーケティングに関連するさまざまな要素を含めて、包括的に考える必要があります。

例えば、Webサイトへの訪問をトリガーとした施策を考えたり、顧客の行動履歴を参考にパーソナライズしたメールを作ったりする場合、MAツールは有効です。さまざまな要素を活用できる分、一般的なメー

ル配信ツールよりも高度なメールマーケティングが実現できます。

しかしマーケティング活動をMAツールによって自動化する仕組みを整備してはじめて効果が発揮されるものなので、事前の設計がとても重要になってきます。

この設計をあまり検討することなしに導入を行ってしまった企業では、MAツールの本領を発揮できず、ただの高額なメール配信ツールと化している例を何度も目にしてきました。

「マーケティングツールを集約したい」「より高度なマーケティング施策を実施したい」という目的がある場合は、あらかじめ検討を重ねた上でMAツールを導入しましょう。

設計と運用方針が整備されていれば、MAツールはもっともメールマーケティングの成果を最大化することができるシステムです。

1-3-2. メールマーケティングを成功させるために必要な機能

どのようなメール配信システムを使う場合でも、メールマーケティングを成功させるために必要な機能がいくつかあります。確認すべきポイントを説明します。

■ 指標の測定ができるか

1-2でお話しした、メールマーケティングで管理すべき5つの指標をシステムが取得できなければ施策を打てないので、**以下の指標について取得できるかどうか必ず確認しましょう。**

指標	必要な数値
不達率	エラーとなったメールアドレスの数
開封率	開封した人の数
クリック率	クリックした人の数
反応率	クリック数 / 開封数で計算可能
購読解除率	購読解除した人の数

表 1-2　各指標と算出に必要な数値

　開封数とクリック数が取得できるのであれば、反応率は手元で計算できるので、ツール上で取得できなかったとしても問題ありません。

　なお、開封率やクリック率について、延べ回数で取得するツールがあります。

　つまり、例えばメルマガの宛先がメーリングリストになっていて、1つの宛先に向けた1通のメールをメーリングリスト内の複数人が開封したとき、それぞれを開封数としてカウントします。

　また、クリック数についても、メールのコンテンツ内にリンクが複数あった場合に、1カ所のリンクを複数人がクリックしたり、1人の顧客が複数のリンクをクリックしたりすると、その分だけクリック数としてカウントされます。

　延べ回数で計上すればより細かな数値が取れることにはなりますが、一般的には開封もクリックも「延べ回数」ではなく、複数のアクションであっても「1(回)」としてカウントします。

　延べ回数でカウントするツールを使っていて、他社の数値などと比較する場合は、自社の数値は通常よりも上振れて記録されていることを前提としましょう。

■ 配信先の特定ができるか

　各種指標を数値として測定するだけではなく、**開封やクリックなどのアクションを「誰が（どのメールアドレスが）」したのかまで特定できるツールを選択しましょう。**

　メールに反応した人、しなかった人をそれぞれグルーピングして次回の配信内容を分けたり、時には営業担当に案件として引き継いだりと、次のアクションにつなげるために必要になります。

■ 迷惑メールにならないよう対策がされているか

　そもそもメルマガが相手のメールボックスに正常に届いていなければ成果を出すことは不可能です。そのためには、メルマガが迷惑メールとして隔離されないことが重要です。

　迷惑メールとして判定し、正規のメールボックスから隔離したことを配信元に通知しない受信サーバーも多いため、配信側が気づいていないだけで実は顧客にきちんと届いていなかった、ということもよくある話です。

　迷惑メールとして扱われないための方法については第6章で詳しく扱いますが、ここではメール配信ツールを選ぶ際にどのような点に注意すべきかを簡単に説明します。

　迷惑メールの多くは、Fromアドレスを詐称します。大手の通販会社や銀行などのメールアドレスを偽った迷惑メールを見かけたことがある方もいるかもしれません。

　あれは、実在のメールアドレスが乗っ取られているわけではなく、Fromアドレスを詐称しています。残念ながら、Fromアドレスを詐称すること自体はとても簡単にできてしまいます。

　そのため、最近はFromアドレスに使われているメールアドレスが正規のものであることを証明する認証技術を使用し、対策することが一般的です。メールの受信サーバーは認証情報をもとに、受信したメールが

正規のものか、それとも迷惑メールなのかを判定しています。

　その中でも、電子署名の「DKIM（ディーキム）」は必ず設定すべき認証方法ですので、**ツールが「DKIMに対応しているか」は確認するようにしましょう。**

　どの配信ツールも、メルマガが迷惑メールと判定されないように様々な対策を行っているのですが、その対策の強弱は製品ごとにばらつきがあります。

　例えば、メールの送信サーバーのシステムに異常が起きていないかどうかを監視しているだけという製品もあれば、製品の利用を申請した際に申し込んだ企業が実在するかどうか審査を行っている製品もあります。

　また、それに加えて利用状況（配信したコンテンツや、特定電子メール法の遵守状況など）をプログラムで巡回して確認している企業もあります。

　どのような対策を行っていて、個々の対策の有効性がどのようなものか、判断が難しい場合もあると思いますが、私が責任者をしていたメール配信ツールでは当時、以下の対策を行っていましたので、ベンダーに問い合わせる際の参考にしてください。

- 複数のIPアドレスを使用した分散配信
- 配信先ドメインごとの流量調整
- 送信サーバーのIPアドレスのレピュテーションチェック
- ユーザーの特定電子メール法の遵守状況確認
- 利用申請時のユーザー審査（架空業者の契約阻止）
- コンテンツ内のワードチェック（悪質利用者の契約解除を目的）

■ リストの管理ができるか

　メール配信ツールを選定するにあたり基本的な判断ポイントを解説しましたが、以下では「メールマーケティングを成功させる」観点からさらに詳しく見ていきます。

　まず、メールマーケティングで成果を挙げる3要素の1つ「リストの質」を担保するために必要な機能を確認しましょう。

　質の高いリストとは「態度変容を起こす可能性が高いリストのこと」であり、そのためにはセグメント配信（2-3参照）が重要になります。セグメント配信を行うためには、最低でも以下の3つの機能が必要です。

- リストに居住エリアや購買時期などの属性・情報を紐づけて管理できること
- 開封やクリックなどのメールへの反応に基づき、読者を抽出してグルーピングできること
- 複数のメール配信グループを作成できること

　また、質の高いリストを維持するためには、リストの日々のメンテナンスも重要になります。メンテナンスをおろそかにすると不達率に影響が出てしまい、メールが届かなくなってしまいますので、極力メンテナンスが自動化された製品を選ぶことをおすすめします。

　メンテナンスのうち一番簡単に自動化できるのは、「エラー管理」と「購読解除管理」の2つです。

　1-2の「不達率」の項目で、エラーには「永続的なエラー（Hard Bounce）」と「一時的なエラー（Soft Bounce）」の2種類があると述べましたが、配信のたびに返ってきたエラーをもとにリストを手動で調整するのはとても大変な作業です。

　永続的なエラーであればリストから削除するだけで済むかもしれませんが、一時的なエラーの場合、次回の配信では届くようになっているかもしれませんし、いつまでも届かないかもしれません。それを手動で記録して管理するのは大変なので、エラーになった回数をカウントアップし、閾値を超えたら自動的に配信対象から除外してくれるツールがおすすめです。

また、同じく購読解除した顧客についてもリストから速やかに除外しなければいけません。顧客が購読解除したにもかかわらず、リストからの除外が遅れてしまってクレームになる場合もあります。

エラー管理と購読解除管理については、自動で行えるツールを選定しましょう。

■ コンテンツを自由に作成できるか

メールマーケティングで成果を挙げる3要素の2つ目は「コンテンツ」でしたが、それに関して必要な機能は次の3つです。

- 簡単にHTMLメールを作ることができるか
- レスポンシブメールとして配信できるか
- マルチパート配信に対応しているか

まず、HTMLメールの作成機能についてですが、先述したとおり、メールの形式には「テキストメール」と「HTMLメール」の2種類があり、BtoBにおいてもBtoCにおいても圧倒的にHTMLメールの方が効果は高いです（0-3、第3章参照）。

一昔前はHTMLメールの作成には専門的な知識が必要でしたが、いまは「HTMLエディタ」などと呼ばれる、専門知識がなくてもHTMLメールを作成できる機能があるので、その有無をツールの検討時に確認しましょう。

2つ目の**「レスポンシブメール」とは、どのような画面サイズであっても最適なサイズに自動的に変換されるメールを指します**。顧客が受信したデバイス（パソコン、タブレット、スマホなど）によって、画面サイズは大きく異なります。

せっかくのメールが顧客の環境に左右されて見づらくなることのないよう、この機能があるものを導入するようにしましょう。

　3つ目の<u>「マルチパート配信」は、利用者の受信環境によってHTMLメールとテキストメールを切り分けて表示する機能です。</u>

　BtoB企業でHTMLメールについて話をすると、しばしば「うちのクライアントはテキストメールしか受信できない」と言われることがあります。成果の面では圧倒的にHTMLメールが優位なのですが、それでもテキストメールで受信するケースを無視できない場合もあるでしょう。そうしたとき、ツールがマルチパート配信に対応していれば問題が生じません。

　ところで、テキストメールしか受信できない顧客は、実際のところどれほどいるのでしょうか。以前、業界別に複数の企業をピックアップし、顧客の受信環境の調査をしたところ、テキストメールで受け取っている顧客はかなり少ないという結果でした。テキストメールで受信する顧客の割合が最も多かった企業でもテキストメールしか受け取れない顧客は全体の2割程度でした。

■ 配信タイミングをコントロールできるか

　メールマーケティングで成果を挙げる3要素の3つ目は「タイミング」です。

　事前に予約した日時に自動で配信される「予約配信機能」は絶対に必要ですが、予約配信は「〇時に開封する顧客が多いので、その時間に予約をセットしよう」という考え方が基本で、最大公約数的に成果を求める機能です。

　言い換えれば、その時間帯以外にメールをチェックする習慣がある人のことは切り捨てられてしまっているのです。

　そのため、顧客が以前に開封した時間などに基づき、配信タイミングを個別に設定する機能が付いているメール配信ツールがあれば、そちらを選択すべきです。

　また、平均的な開封率が10%〜15%であることを考慮すると、開封

しなかった残り80％以上の人に対し、同じコンテンツをワンクリックで配信できるような機能があるものがベストです。

なお、意外と見落とされがちなのですが、**指定した時刻にきちんと配信が終わらせられるかどうか**も事前に確認しておきましょう。

ある時間あたりに送信できる件数は、メールの配信サーバーの構成や性能に大きく依存します。もし、自社のリストでメールを送信し終えるのに数時間はかかってしまうということであれば、狙ったタイミングを逃してしまいます。

一斉に配信するメールの件数を見積もってメール配信ツールの提供元に伝え、配信を終えるのにどれくらいの時間がかかりそうか把握するようにしましょう。

メール配信ツールの価格設定は、主に「月間で配信した延べ件数に応じるもの」と「データベースに登録したメールアドレスの数に応じるもの」の2種類があります。

メールアドレスの数が少ないうちは前者の方が安上がりになることが多いのですが、その場合配信頻度を上げるのに応じてコストが上がります。

リストのメールアドレスの数に、計画している配信頻度を掛け合わせ、コストの試算を行うようにしましょう。

■ どこまでサポートしてくれるか

機能面よりも顕著に差が現れるのがサポートの範囲です。設定や操作に関する相談は各社受け付けていますが、企業によってはプランニングや改善提案までサポートを行ってくれるところもありますし、すべての運用を代行してくれるところもあります。

メール配信ツールは非常に多くの企業が提供していますが、価格の違いは概ねサポート範囲の違いによるものです。そのため、自社がどこまでのサポートを求めるかに応じて選択するのが良いでしょう。

私見では、日常的に多くの仕事を抱えているマーケッターの方が、業

務の一部に過ぎないメールマーケティングの情報をキャッチアップして対応していくのはとても大変なことだと思いますので、そうした情報を定期的に共有してくれる提供元をおすすめします。

ポイント

- メール配信ツールには「メールソフト」「インストール型」「クラウド型」の3種類がある
- メールソフトでのBCCを使った一斉配信により、メールアドレスの漏洩事故が頻発している
- インストール型を運用するためには社内に専門性を有するエンジニアが必要
- クラウド型はサービスのアップデートや保守・運用などもすべて提供されるため、もっとも気軽に利用できるサービス
- 「マーケティングツールを集約したい」「高度なマーケティングを実施したい」という場合はMAツールの導入を検討する
- 各種指標が取れるだけではなく「誰が」アクションしたかまで取得できるものを選ぶ
- 迷惑メールとして判定されないようどのような対策を行っているのか提供元に確認する
- リストの質を保つために「エラー管理」と「購読解除管理」の2つが自動で行えるツールを選定する
- リストの数が多いのであれば指定した時刻に配信が終了する性能を有しているものを選定する
- 「簡単にHTMLメールを作ることができる」「レスポンシブメールとして配信できる」「マルチパート配信に対応している」ことは必須
- 各社機能差は小さいが、もっとも差が出るのはサポート範囲。自社が求めているサポート範囲を明確にする

1-4

指標を基準に目標を設定する

　メールマーケティングで管理すべき指標を理解したところで、ここからは目標設定について説明します。

　1-1でお話ししたように、企業や団体がメルマガを発行する目的は大きく**「情報発信」**と**「販売促進」**の２つに分かれます。

　情報発信とは、自治体が住民に対して災害情報を知らせる用途で発行する場合など、購読者に広く情報を伝えることを目的としたメルマガのことです。

　一方で販売促進とは、企業が自社のサービスの購買や申し込みなどの用途で発行する場合など、顧客にアクションを起こしてもらうこと（態度変容を起こしてもらうこと）を目的としたメルマガのことです。

　情報発信を目的とするメルマガで、どこかほかのページに誘導することなく、そのメルマガを読んでもらうことが配信側の目的となるケースがあります。そのような場合は、メルマガの定量的な目標として「開封率」を設定するのが一般的です。

1-4-1. 開封率を目標の基準とする場合

　開封率を目標に設定する場合、「開封率が〇％以上なら合格」といったように、毎回の配信ごとの開封率を確認する方法が一般的です。しかし、開封率がタイミングやその他の条件による影響を受けやすい指標であることを考えると「今年１年間でリストのうちの60％の顧客へアプローチをする」というように、**一定期間内のユニークな（一意な）開封数を目標として最終的な開封率を追う**方法がおすすめです。

　この場合、メールの配信ツールから配信結果をエクスポートし、重複を省いた開封者の合計（ユニークな開封数）を分子とし、同じく重複を省い

た配信成功数を分母として計算します。これにより、自社がリストに抱えている顧客のうちどれくらいの範囲にアプローチができたかを知ることができます。

> アプローチできた範囲 ＝ 重複を省いた開封数の合計 / 重複を省いた配信成功数

このようにユニークな開封数を調べていくと、自社が出しているメルマガが「固定の顧客に読まれているのか」または「リスト内の顧客に広く読まれているのか」を知ることができ、メルマガのプランニングにも変化が起きます。

例えば、固定の顧客が中心となっているのであれば、新規の読者を獲得するように少し目を引くようなメールの件名を付けてもいいですし、むしろ固定の顧客をリスト化して特別なキャンペーンに誘導するというアクションも考えられるでしょう。

また、リスト内の顧客に広く読まれているのであれば、より広く読まれるようにメールの配信時間や配信頻度を工夫することでユニークな開封数の増加を目指せるでしょう。

なお、開封率については1-2のコラムで触れた通り、必ずしも正確とは限らない数値であり、今後取得できなくなる（開封していなくても開封とカウントされる）可能性が大いにあることは念頭に置きましょう。

なお、目標設定とは少し異なりますが、情報発信を目的とするメルマガでは、相手にきちんと届いていることが特に重要になってくるため「不達率」についてはより注意深く観察する必要があります。

急激に不達率が上昇した場合、何かしらの理由によって迷惑メールの管理機関に迷惑メールの発信元として登録されてしまった可能性があります。その場合、管理機関に登録を解除してもらう必要があります。

ほとんどの管理機関は海外に拠点があるので、やりとりは基本的に英語で行うことになります。技術的な対応が求められる場合もありますので、利用しているメール配信ツールの提供元に連絡して対応を任せるこ

とをおすすめします。

1-4-2. クリック数を目標の基準とする場合
（標準的な目標設定）

　情報発信であれ販売促進であれ、いまはメールを通して外部のページ（ランディングページなど）への誘導を目的としてメルマガ配信を行うケースがもっとも一般的です。

　その場合、メルマガの成果として**「クリック数（率ではなく数）」**こそもっとも重視すべき値となります。クリック数を目標の基準とする場合の考え方をご説明します。

　まず、重要なのが**メルマガを配信することで最終的にどれくらいの成果を見込んでいるのか、具体的な数値目標を設定する**ことです。「売上を上げたい」とか「より多くの人に申し込んでほしい」といった、大雑把な目標設定はやってはいけません。こうした着地点が曖昧な目標設定だと、極端なことを言えば、1件でも売上が立てば成功となってしまいます。

　求められる成果が1件なのか100件なのかで、メールマーケティングとしてやるべきことはまったく異なってくるので、プランニングをする際にはまずは明確で具体的な目標を設定することが必要です。

　とはいえ、メールマーケティング自体に初めて取り組むため、どれくらいの成果を目標として設定することが適切なのか見当がつかないということもあるでしょう。

　その場合、まずはメール配信ツールの導入にかかる費用を上回る利益を確保できるかどうかを成果のラインとして設定するのも1つの手です。

　さて、「メルマガ経由で月間30万円の売上を上げる」といったような具体的な数値目標を設定することができたら図1-4を確認してください。

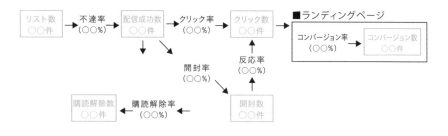

■ 図 1-4　メールの配信から成果が発生するまで

　これはメールの配信から成果が発生するまでの流れを図で示したものです。まずは、ここに自社の数値を当てはめてみることで、目標が現実的に達成できるかどうかを判断しましょう。

　目標とする成果（コンバージョン数）に届かない場合、まずは指標値が基準を満たしているかどうかを確認します。

指標	計算式	基準
不達率	エラーアドレス数 / 配信リスト数*100	5%未満
開封率	開封数 / 配信成功数 ＊ 100	15%以上
クリック率	クリック数 / 配信成功数 ＊ 100	1%以上
反応率	クリック数 / 開封数 ＊ 100	5%以上
購読解除率	購読解除数 / 配信成功数 ＊ 100	0.25%未満

■ 表 1-3　各指標の基準

　例として、2,000件のリストをもつ企業が、週2回の配信で月間の成果（コンバージョン数）を80件と目標を設定した場合を考えてみましょう。

■ 指標が基準を満たさない場合

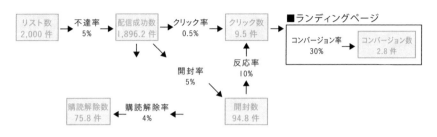

■ 図 1-5　指標が基準を満たさない場合の例

　上記のように、いくつかの指標が基準を満たさない場合は、1回当たりの配信で見込めるコンバージョン数は2.8件となります。

　月間で見込まれるコンバージョン数は「2.8件 × 2回 × 4週 ＝ 22.4件」となり、月間の目標として設定した80件には大きく届きませんでした。

　このような場合、そもそも基準を下回っている指標を改善させる余地がまだありそうなので、1-2を参考に運用の見直しを行ってみましょう。

■ 指標に大きな問題はない場合

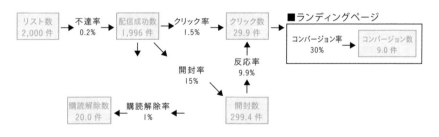

■ 図 1-6　各指標に大きな問題はない場合の例

　こちらのケースでは、各指標はベンチマークとなる基準を満たしており、大きな問題はないのですが、見込めるコンバージョン数は「9.0件 × 2回 × 4週 ＝ 72.0件」となり、目標である80件にはわずかに届い

ていません。

　この場合、優先的に行うアクションは「リストの件数増加」か「配信頻度の向上」の2つです。

　まずは「リストの件数増加」です。ただし、リストの件数増加は第2章で解説しますが、既存のリストと同レベルの温度感をもつリストが集められる余地があるのならともかく、やみくもに案件を集めるだけになってしまうと、あまり効果がないので注意しましょう。

　リストの件数増加が見込めない場合、次の手である「配信頻度の向上」を検討します。配信頻度については、詳しくは4-2にて解説しますが、今回のケースでは1回の配信で9件のコンバージョンが見込まれるため、あと1回配信頻度を増やすことで目標を達成できる計算になります。

　このように、「リストの件数増加」もしくは「配信頻度の向上」のアクションを取ることにより目標達成に近づくことができました。

　なお、各種指標がベンチマークの基準を満たしており、リストも配信頻度も改善する余地があまりないにもかかわらず目標に届かない場合、見直すべきは目標そのものです。当初の目標を維持するなら、メールマーケティング以外の施策も検討する必要があるでしょう。

ポイント

- メルマガを発行する目的は大きく「情報発信」と「販売促進」の2つに分かれる
- ランディングページへの誘導を行わないメルマガの場合、一定期間内のユニークな開封数を目標とすることで、自社が出しているメルマガが「固定の顧客に読まれているのか」または「リスト内の顧客に広く読まれているのか」を知ることができる
- メルマガを配信することで最終的にどれくらいの成果を見込んでいるのか、具体的な数値目標を設定する
- 各指標と自社の数値を比較して優先して対応するところを決める

メールとランディングページの連続性

リストのうち、1人でも多くの人をランディングページへ誘導することを目的としたメールを作ることも多いでしょう。

しかし、どんなに多くの読者をメールから誘導したとしても、誘導した先のランディングページが整備されていなければ何の意味もありません。

ランディングページのコンバージョンレートは、業種やコンバージョンの種類（資料請求やプレゼント応募など）によってさまざまなので一概には言えませんが、私はBtoB商材の場合2%を下限の目安としています。

これを下回るパフォーマンスしか出せていない状態でメールマーケティングを行うことは、穴の開いたバケツに水を注ぎ続けるようなものです。メルマガにいくら工夫をして多くの読者を誘導したとしても意味がありません。

本書はメールマーケティングについての書籍であり、ランディングページについて詳説するものではありませんが、すぐに見直すことのできるポイントを簡単に記します。

まず、**メルマガのコンテンツとランディングページには一貫性を持たせる**必要があります。

0-2で述べたとおり、メルマガの平均的な閲覧時間は7秒しかありません。読者は、メルマガのコンテンツをあまり読まないうちにCTAをクリックしていることになります。

そのため、メールとランディングページでトンマナが異なると、読者はぱっと見たときに違和感を覚えてしまい、コンバージョンすることなく離脱してしまいます。

例えば、読者がメール内の「資料請求」と書かれたCTAをク

リックしたのにもかかわらず、ランディングページでは「無料デモ申し込みフォーム」となっているケースを考えてみましょう。

このケースでは読者の「資料が欲しい」というニーズに対して、「無料デモ」という異なるオファーがなされているので、読者がコンバージョンしないというのは想像しやすいと思います。

また、メールのコンテンツで使用しているアイキャッチ画像や背景色などが、ランディングページで使用されていないケースもあるでしょう。小さなことと思われるかもしれませんが、このようなちょっとした点にも注意を払いましょう。

ランディングページの構成についてもお話しします。株式会社WACULが行った調査 [1] によると、もっともコンバージョンレートが高いランディングページの構成は、「ファーストビューで完結しているように見せる」ことです。

多くのランディングページはスクロールを要する縦長スタイルになっていますが、ファーストビュー内にサービス名・商品概要・CVボタンの3点をすべて設置し、下部に空白や仕切り線を置いて完結しているように見せる作りにした方がコンバージョンレートは高くなるのです。

なお、フォームに入力してもらう項目は少なければ少ないほどコンバージョン数は多くなります。いろいろな情報を集めたくなる気持ちもわかるのですが、入力項目は必要最小限の数にしましょう。

ランディングページについてはLPO(Landing Page Optimization)と呼ばれるコンバージョンの最適化手法について解説されているWebサイトや書籍もありますので、興味のある方は参考にしてください。

....

1)　「縦長LPはコンバージョンに寄与するのか？BtoBにおけるランディングページ（LP）のベストプラクティスに関する調査」

第 **2** 章

質の高い
リストをつくる
プロセス

本章では、メルマガの成果を挙げる3要素
の1つ目「リストの質」を高めるプロセスを
ご紹介します。単に配信リストを集めれば
終わりではありません。リストを集める「入
口」の改善、顧客の温度感に合わせた「セ
グメント配信」、日々のメンテナンスまで、
意識すべきポイントは多岐にわたります。

配信リストを
どう手に入れるか

　序章でも触れましたが、メールマーケティングで成果を出すために重要なのは、リストの量を闇雲に増やすことではありません。

　態度変容を起こす可能性がある質の高いリストを整備し、そのリストに対して適切なタイミングでアプローチをすることが重要なのです。

　メールマーケティングの指標である反応率や購読解除率は、「顧客の興味とメルマガのメッセージが一致しているかどうか」によって数値が大きく変わります。

　顧客の興味・関心と配信元が出すメッセージの内容が一致しているほどに反応率は高くなり、反対にメッセージが一致していないと購読解除率は高くなるのです。

　質の高いリストとは「態度変容を起こす可能性が高いリスト」だと述べましたが、別の言い方をするならば、**質の高いリストとは「企業が発信するメッセージと顧客のニーズが一致している割合が高いリスト」のこと**なのです。

　質の高いリストを作るためには、次の4つのプロセスを経る必要があります。

- 能動的な受諾を増やす
- 動的なセグメンテーション
- 日常的なメンテナンス
- リエンゲージメントで復活

　本章では、質の高いリストを作り上げていくのに必要なこの4つのプロセスをそれぞれ解説します。

2-2

能動的に受諾する顧客を増やす

まずは1つ目のプロセスである「能動的な受諾を増やす」についてです。

能動的な 受諾を増やす	動的な セグメンテーション	日常的な メンテナンス	リエンゲージメント で復活

メルマガを送信する際には、事前に受信者の「受諾（Opt-in：オプトイン）」が必要であることが、特定電子メール法によって定められています。「能動的な受諾を増やす」とは、この受諾を自分の意志により進んで行ってくれる顧客を増やすということです。

特定電子メール法については6-3で解説しますが、メルマガを送信する人は誰もが遵守しなければいけない法律です。

2-2-1. 能動的な受諾は最終的に配信元の利益になる

事前に受諾を得ていない顧客に対してメルマガを送付することはできないため、受諾を得るために企業はさまざまな工夫をしています。例えば、次のような経験をされた方は多いのではないでしょうか？

- オンラインでの商品購入や問い合わせの手続きの中で、いつの間にか「メルマガの送付許可」を行っていた
- オフラインの展示会やイベントでノベルティをもらうのと引き換えに名刺を渡したらいつの間にかメルマガに登録されていた
- 商談時に名刺交換をしたらメルマガに登録されていた

しかし、こうした「工夫」は良い工夫とは言えません。これらに共通するのは、顧客はメルマガが来るとは想定しておらず、残念ながら「"能動的に"受諾した」とは言えないことです。

　一方で、多くの人には「メルマガは不要なもの・邪魔なものである」という意識がなんとなくあり、例えば問い合わせフォームに「メルマガを希望する／しない」という選択肢があった場合、「しない」に自然とチェックを入れてしまうのではないでしょうか。

　つまり、「不要なメールが"来そう"なのでメルマガを受け取りたくない」という顧客と、「自分たちのメールは迷惑メールではないから、メルマガを"受け取ってから"要不要を判断してほしい」という配信元の間で綱引きが行われているのがいまの状況なのです。

　たしかに、違法で無秩序な迷惑メールがメルマガ全体の評判を毀損してきた一面もありますが、顧客にとって不要なメールとは、何もこのような違法なメールに限りません。

　企業が出す正規のメルマガであっても、顧客にとって有益な情報が記載されていなければ、それは不要なメールなのです。それでも、先に挙げたような、「まずは読んで判断してほしい」という配信元の考えに基づいた取り組みは違法ではありませんし、仕方のない側面もあるかとは思います。

　とはいえ、本来は顧客にメルマガを能動的に受諾してもらうべきであり、まずはそれを達成するための工夫を考えるべきです。

　繰り返しになりますが、メールマーケティングの目的は、メールを通して自社の製品やサービスに興味をもってくれる人を増やし、最終的に態度変容を起こしてもらうことです。

　メルマガを能動的に受諾するということは、メルマガの登録時点ですでにあなたに興味をもってくれている状態であることを意味し、その後に態度変容を起こす可能性も高くなるのです。

　つまり、能動的に受諾する顧客を増やすことは、会社の利益にも大き

くつながっていくのです。

2-2-2. 能動的な受諾を得るための3つの工夫

メルマガを能動的に受諾する顧客を増やすためには、次の3つの工夫が有効です。

- スムーズな登録導線
- コンテンツの事前明示
- 魅力的なオプトインオファー

■ Webサイトにスムーズな登録導線を整備しよう

1つ目の工夫が「**スムーズな登録導線**」です。

Webサイトを訪れる人は、「どんなプロダクトを扱っているのか調べたい」「費用感を知りたい」といったように何かしらの意図があります。

つまり、少なからず配信元に興味をもってくれている状態なので、そのタイミングで自然な形でメルマガへの登録を促すことはとても効果的です。

Webサイトへの訪問はしているけれども、まだ資料請求やサービスなどの会員登録をするほどの興味・関心度合いではない人たちに向け、まずはメルマガへの登録を提案するのです。

メルマガの登録率（オプトイン数 / Webサイト訪問者数 × 100）は、2%前後が平均的と言われています。

メルマガの登録導線については、図2-1のJ.Crewの例のように、Webサイトのフッターに登録用のフォームを常時表示するのがもっとも一般的です。また登録率を上げる手段としては、同図のマルニの例のように、ポップアップフォームも有効です。

ポップアップフォームとは、Webサイトを一定時間閲覧していることや、Webサイト内の特定の位置をクリックしたことをトリガーとして、Webサイトにメルマガの登録フォームを出現させることです。

常時表示パターン　　　　ポップアップ表示パターン

■ 図 2-1　常時表示パターン（J.Crew Web サイト）[1] とポップアップ表示パターン
　　（マルニ Web サイト）[2]

　Web サイトの上部や下部にメルマガの登録フォームへのリンクを設定するよりは、図のように登録フォームを露出させる方が登録率は高まります。

■ メルマガのコンテンツを事前に示そう

　能動的な受諾を増やすための 2 つ目の工夫は、「**コンテンツの事前明示**」です。

「メルマガに登録してね」という提案を最適なタイミングで行っても、それだけでは顧客がメルマガに抱えているなんとなくの不信感を打ち消せません。ポップアップフォームの「バツ印」を押して閉じられてしま

1)　J.Crew Webサイト https://www.jcrew.com/
2)　マルニ Webサイト https://www.marni.com/ja-jp/

うだけです。

　顧客の不信感を払拭するには、実際にどのようなメールが来るようになるかを事前に明示することが有効です。顧客に興味をもってもらい、登録を後押ししましょう。

「経理が知っておくべき法律を、毎週ご紹介します」とか「最新の世界経済の情勢を、専門家のコメントで解説します」といったようにメールの内容や配信頻度を説明しても良いですし、実際に配信したメールをサンプルとして提示しても良いでしょう。

■ 魅力的な「オプトインオファー」を提案しよう

　能動的な受諾を増やすための3つ目の工夫は、「**魅力的なオプトインオファー**」です。

　オプトインオファーとは、**メールアドレスを登録してもらうのと引き換えにインセンティブを提供する**ことをいいます。

　もっとも一般的なのは、登録と引き換えにホワイトペーパーを提供するというオファーです。ここでいうホワイトペーパーとは、業界動向や市場調査結果など、役に立つ情報をまとめた資料のことです。

　インセンティブとしてはホワイトペーパーがよく使われますが、ほかにも会員限定の記事、クーポン、製品サンプル、ケーススタディ、動画、コミュニティへの招待など、さまざまなものが考えられます。

「スムーズな登録導線」「コンテンツの事前明示」「魅力的なオプトインオファー」の3つを工夫し、自社のメルマガを能動的に受諾する顧客を増やしましょう。

■ 登録フォームの項目は顧客の興味・関心度合いに応じて調整

　最後に、メールアドレスを取得する際の「登録フォームの項目」についてもお話しします。フォームの項目として何を採用するか、というのは悩ましいところです。

例えば、BtoB企業を想定すると、入力項目として「社名」「部署」「氏名」「電話番号」「メールアドレス」などを必須とし、その他に「導入を予定している時期」や「抱えている課題」などを任意項目としているものがあります。

その後の営業活動のことを考えると、なるべく多くの情報を集めたいという気持ちはよくわかります。

しかし、WACUL社による「B2Bサイトのフォームにおけるベストプラクティス研究」[3]では**フォームの入力項目数と入力完了率には負の相関がある**ことが判明しています。

つまり、入力項目数が多ければ多いほどフォームの入力完了率は下がっていくのです。一方で、入力項目を1項目減らすと入力完了率は約2pt向上することがわかっています。これは、項目が必須入力か任意なのかは関係ありません。項目の絶対数が影響します。

だからと言って、フォームの入力項目は少なければ少ないほど良い、というわけではありません。入力項目が多くなるにつれてフォームの入力完了率が下がるのは、入力する手間が自分の興味・関心度を上回っているからです。そのため、顧客の興味・関心度合いによって項目数を調整するのがベターです。

例えば、Webサイトを訪問しただけの段階で登録フォームを提示するなら、まずはメールアドレスだけを入力してもらうのがおすすめです。

資料請求するほどのニーズに至っていない顧客にメルマガ登録を促しているのですから、スムーズに登録してもらうことを優先すべきでしょう。

メールアドレス以外の情報については、顧客がその後に資料請求をするタイミングなどで改めて登録してもらえば良いのです。

一方で、なるべく興味・関心度合いが高い人だけを集めたいのであれば、入力してもらう項目をあえて増やせば良いということになります。

3） https://wacul.co.jp/lab/posts/b2b-form-best-practice/

こうすることで興味・関心度合いが低いのに、オプトインオファー欲しさに登録するようなケースも防げます。

また、すでに課題が顕在化している顧客は、入力項目がちょっと多いという理由でフォームの入力を途中でやめることはありません。試用申し込みや見積もり依頼など、興味・関心度合いが高い人を対象としたフォームは、その後の営業活動やメールのセグメント配信なども見越して、項目を設計しましょう。

実店舗の窓口など、顧客と対面して情報を入力するケースでは、離脱者はさらに少なくなります。

しかし、顧客台帳への登録をいまだに紙で行っている場合は要注意です。メールアドレスには「lとiと1」や、「Oと0」など、見分けが難しく混同しやすい文字がたくさんあります。メールアドレスを誤って登録してしまうと、貴重な顧客へのアプローチ手段を1つ失うことになります。

こうした誤りを防ぐために、顧客情報を入力する際はタブレットを使用したり、顧客のスマホでQRコードを読み込んでもらい、フォームや空メール送信へ誘導したり、可能な限り速やかにデジタルな手段に移行しましょう。

📢 ポイント

- 能動的に受諾する顧客を増やしていくことは、会社の利益に大きくつながる
- 能動的に受諾する顧客を増やすためには「スムーズな登録導線」「コンテンツの事前明示」「魅力的なオプトインオファー」という3つの工夫が重要である
- 入力項目数が多ければ多いほどフォームの通過率（入力完了率）は下がっていく
- 顧客の興味・関心度合いに応じてフォームの項目数や内容を調整する

2-3

動的なセグメンテーションで リストの質を保つ

質の高いリストを作るためのプロセスの2つ目は、「動的なセグメンテーション」です。

配信元がもつリストには、興味・関心のカテゴリーや、製品に対するニーズの強さなどが異なるさまざまな状態の人が含まれています。それにもかかわらず、メルマガを配信する企業の多くは、そのリスト全体を対象にメールを一斉配信しています。

メールマーケティングの成果を最大化するには、リスト全体に最大公約数的なメッセージを出すよりも、**リストを興味・関心などの条件で分けてそれぞれに刺さるメッセージを出す**方が最終的な成果は大きくなります。

リストを興味・関心のカテゴリーや、これまでの行動履歴、居住地域や性別などといった特定の条件でグルーピングし、それぞれで効果が最大化するようにメッセージを出し分けることを**「セグメント配信」**と言います。

2-3-1. セグメント配信は成果最大化に必須

メールマーケティングで高い成果を挙げるなら、セグメント配信は必ず取り組むべきものです。

　米国intuit社の調査[4]によると、セグメント配信をした場合としていない場合とで比較すると、セグメント配信を行った方が開封率で14.3％高く、クリック率では100.95％高く、購読解除率では9.35％の減少が見られたとのことです。

　また、セグメント配信をしないことで生じる不利益もあります。事例を通じてご説明します。

　あなたが全国展開をしている不動産会社に勤めていて、全国のチェーン全体のメルマガを統括して運用する立場だとします。

　ある日、東京23区近郊に、大規模な新興住宅地の開発が決まり、それに当たって現地見学会を行うことになりました。

　会社から当日までに50組の集客を命じられたあなたは、まずはいつも通りメルマガを配信して集客することにしました。このとき、手持ちのリスト全体、つまり全国にいる顧客に対して一斉にメルマガを配信してはいけません。

　東京23区近郊への集客が目的なのですから、まずは距離的に現地に来られるエリアの方を対象としてリストを絞り込む必要があります。そのことを提案すると、上司からこんな指摘を受けました。

　「いやいや、今は距離的に現地に行けないエリアに住んでいても、もしかしたら将来現地の近くに引っ越すことを考えている人がいるかもしれない。そういう人も逃さないように、全体に配信した方がいいんじゃないか」

　しかし、この指摘は間違いです。

　「令和2年国勢調査」によると、2020年10月1日時点の世帯数は5570.5万世帯で、そのうち1都3県（東京・埼玉・千葉・神奈川）の世帯数は約31％、1735.2万世帯でした。

　仮に、あなたの勤め先が全国からひとしくリストを集めていたとすれ

4）　https://mailchimp.com/resources/effects-of-list-segmentation-on-email-marketing-stats/

ば、リスト内の約70%は、現地見学会の対象外です。

　たしかに70%のうち、将来的に引っ越しを考えているごく一部の顧客が反応するかもしれませんが、大多数のエリア外に住んでいる顧客にとっては自身と無関係な情報です。

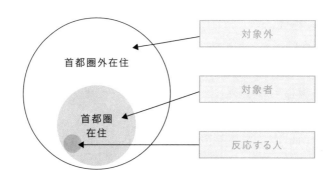

■ 図 2-2　リストに対し対象者が占める割合

　また、当然ながら実際に行動に移す（今回のケースでは「見学会への申し込み」を行う）人はもっと少なくなるのです。

　このメールを受け取ったエリア外の顧客がただ無反応なだけならまだしも、自身が対象ではないメールが続くと、不要な情報ばかり配信されると思い、最終的には購読を解除するかもしれません。

「配信リストの中に『クリックする人（潜在顧客）』が少しでもいるなら、セグメント配信で少数に送るよりも、ターゲットを絞らずに一斉配信した方が成果は大きくなるのではないか」

　これは、メールマーケティングを実施する上で多くの方が一度は悩むポイントですが、一斉配信が有利なのは、リスト全体で温度感や顧客属性が均一でそれ以上セグメントする必要がない場合だけです。

　仮に顧客属性を無視して一斉配信をした場合、当然ながらターゲットを絞って配信をした場合と比較して、購読解除率は高くなります。

　しかし、顧客が購読を解除した理由が自身に不要な情報だったためな

のか、そもそもコンテンツそのものが悪かったためなのか、後から判断するのは難しいです。

　興味・関心が薄い相手にもメルマガを送り、たとえわずかであっても成果を得られればいいという考え方によって、逆に購読者を失っていることもあるのです。

　このように、**一斉配信では得られる利益よりも不利益の方が大きくなる**ため、セグメント配信を行うべきです。

2-3-2. コンバージョンまでの距離感で グルーピングする

　さて、上司の指摘に対し、あなたは以上の内容を説明し、現在の居住エリアから現地に赴くことが可能な顧客に絞ってメールを配信することの許可を得ました。さっそく配信の準備に取り掛かります。

　いえ、ちょっと待ってください。セグメントの条件は「居住エリア」だけで十分なのでしょうか？

　顧客のニーズにはグラデーションが存在します。特に、不動産のような高額な商品は人生のうちで何度も購入するような商品ではありません。

「今はいらないけど、将来子供が生まれたときのために情報収集をしている」「貯金もできたのですぐにでも欲しい」「最近買ったばかりでもういらない」──優先して集客すべきは当然、「すぐにでも欲しい」と考えている顧客です。

　今回は特に、50組という定員が決まっているので、「購入」という態度変容を起こす可能性が高い顧客を、優先して案内します。「すぐにでも欲しい」顧客だけでは定員が埋まらなかった場合、徐々に条件を緩めて定員を埋めていくのです。

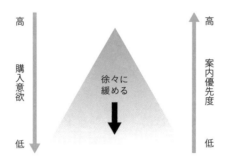

■ 図 2-3　購入意欲と案内優先度の関係

　今回は定員という制限があり、態度変容を起こす可能性が高い顧客から枠を埋めていくためにセグメント配信を検討しましたが、仮に制限がなく「1人でも多く集客したい」という場合もセグメント配信は有効です。

　なぜならば、**ニーズの温度感が異なるということは、それぞれに刺さるメッセージも異なる**ということだからです。

　例えば「すぐにマイホームが欲しい」顧客が知りたいのは「ローン実行までのスケジュール」とか「○○線沿いのタワーマンションの入居抽選」といった、かなり具体的な内容でしょう。一方、「将来的に考えている」顧客は「どれくらい頭金をためるべきなのか」とか「4人家族にはどれくらいの大きさの家が良いか」といった、もう少し抽象的なことが知りたいでしょう。それぞれのニーズに合わせてコンテンツを出し分けることが重要です。

　リストをグルーピングする際にもっとも効果的なのは、コンバージョンまでの距離感で分ける方法です。以下の3つが主なセグメントとなります。

- 課題が明確で、他社と比較検討をしていて悩んでいる層（顕在層）
- 課題は曖昧だが、何とかしなければいけないと思っている層（準顕在層）
- 課題は不明瞭で、状況が変わるまで情報収集を続ける層（潜在層）

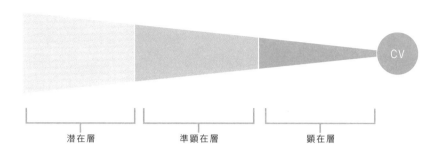

潜在層　　　　　　準顕在層　　　　　　顕在層

■ 図 2-4　コンバージョンまでの距離感によるセグメント

　ところで、セグメント配信を行うためには、管理しているCRMや顧
客データベースにグルーピングするための項目が存在する必要がありま
す。顧客情報としてエリアを取得していないのであれば、エリアで分け
ることはできません。コンバージョンまでの距離感についても同様で
す。2-2でも述べたように、メルマガの登録フォームでどのような項目
を取得するかは、その後の施策にも影響します。

■ コンバージョンまでの距離感を探る方法
　多くの企業では、顧客情報の取得時に検討度合い（もしくは検討時期）を
尋ねているかと思いますが、仮にそのような情報を得ていない状態でコ
ンバージョンまでの距離感を探る場合、いくつかの方法があります。
　1つは「リストに登録された時期」でグルーピングする方法です。最
近リストに登録されたのか、それとも5年前に登録されたのか、それぞ
れ顧客の状況は大きく異なります。リストに登録されたのが新しければ
新しいほど、コンバージョンに近いと判断します。
　ほかにも、「リストに登録されたチャネル」でグルーピングする方法
もあります。
　例えば、住宅展示場に来場して登録したのか、ショッピングモールで

のイベント時にたまたま通りすがり、そこで登録したのかでも温度感は異なります。

　どのチャネルで登録した顧客が一番態度変容を起こす可能性が高い（＝コンバージョンに近い）かは、営業担当にヒアリングすればすぐに判明するでしょう。

　どうしてもセグメンテーションする条件が見つからないのであれば、まずはグルーピングを諦め、リスト全体にメルマガを配信します。配信したメールを開封した、もしくはクリックした、といった反応の度合いでグルーピングしましょう。

　この際は「メールを開封した」顧客よりも、よりコンバージョンに近い「コンテンツ内のURLをクリックした」顧客を優先度の高いグループとします。

　開封については、1-2「開封率」でも説明したとおり、必ずしも正確な指標ではありません。また、ほかのメールを開いた流れで開封しただけかもしれず、開封したからといって興味があるとは限りません。

　一方でクリックについては、開封した上でコンテンツ内のリンクをクリックしたという、より能動的なアクションであるため、興味・関心度合いを測る指標としては開封より信頼が置けます。

2-3-3. どれだけセグメントを増やすかはリソースに応じて

　セグメントを細かく分ければ分けるほど成果につながりやすくなりますが、一方でそのリストを管理する手間、コンテンツを作成する手間も比例して増加します。

　コンテンツの作成については第3章で解説しますが、いくらコンテンツ作成が省力化できたとしても、私の経験では担当者1人につき2〜3のセグメントに分けて運用していくのが限界です。これ以上に分けるのであれば、それに比例して人員も増加させる必要があります。

セグメンテーションのグループ数については、社内のリソースに応じて設定するようにしましょう。

2-3-4. 動的なセグメンテーションで 顧客との接点を維持する

セグメント配信は、手持ちのリストをグルーピングしたらそれで終わりではありません。**グルーピング後も、顧客の変化に合わせてリストの入れ替えを動的に行う**必要があります。

例えば、自動車販売店がセグメント配信に取り組む場合を考えてみましょう。

Aさんは就職に伴い、最近発売されたばかりの若者に人気のスポーツカーを購入しようと近所の自動車販売店を訪ねました。

営業担当は親身にAさんの相談に乗ってくれましたが、その車種は別メーカーとの共同開発であったため、仕様が異なる別メーカーの車種も見に行ってから決断をしようと、その日は顧客登録だけして帰りました。

このAさんは「目的（スポーツカー）」も「意欲（すぐに欲しい）」も明確ですので、該当車種の細かな仕様であったり、お得なオプションのキャンペーンであったりと、Aさんのニーズに合致したコンテンツのメルマガを出すべきだということはおわかりになるかと思います。

その後、しばらくして営業担当がAさんに連絡したところ、残念ながらAさんは共同開発先の車を購入したことが判明しました。さて、この自動車販売店は今後Aさんに対するメルマガをどうすべきでしょうか。

一番ダメなケースは、「そのまま同じ内容で出し続ける」です。これは店舗側の顧客データと、メルマガの配信リストとなる本部の顧客データベースが連携されていない場合に起こりがちな事象です。

すでに他社の車を買ったAさんが、メルマガによって改めて態度を変更し、買ったばかりの車を売却して自社の車を買い直す、ということは

まず起こらないでしょう。

　それよりも、「もう買ったので同じような情報は不要である」と判断され、購読解除される方が自然です。

　購読を解除されてしまったら、特定電子メール法上、Aさんが再度メルマガに申し込みをしてくれない限り、もう二度とメールを送ることはできなくなってしまいます。そこで販売店とAさんとの関係性も終わってしまうのです。

　では、「販売店側で一時的に配信停止」するというケースはどうでしょうか。Aさんが次に車を買い替えるタイミングが来るまで、メルマガを一時的に配信停止するのです。

　この場合、たしかにAさんから購読解除されることはなくなるため、いつでもメルマガを再開することができます。

　しかし、再開するスケジュールがきちんとプランニングされていないと、結局Aさんにはいつまでもメールが送られず、ここでも販売店とAさんとの関係性は絶たれてしまいます。そして、往々にしてこの再開プランはいつまでたっても実行されません。

　一番良い選択は、「セグメント配信のグループを変更して接点を維持する」ことです。

　高価な買い物をしたAさんが次に車を購入するのは早くとも数年後でしょう。そのタイミングではAさんのライフスタイルにも変化があり、今度は自社の人気商品である「ミニバン」への買い替えを検討するかもしれません。

　その機会まで緩く関係性を維持するためにも、メルマガのグループを「課題が明確で、他社と比較検討をしていて悩んでいる層（顕在層）」から「課題は不明瞭で、状況が変わるまで情報収集を続ける層（潜在層）」へと変更した上で接点を保つことが重要なのです。

　新車を購入したAさんは、車で行ける絶景スポットやドライブデートにおすすめのレストランなどを案内する「潜在層」グループへ変更し、

引き続きメルマガを通じて関係性を維持しましょう。

　車のように、高単価ではあるけれども定期的に買い替えが生じる商材は、仮に一度失注したとしても顧客との接点を維持できていれば再度チャンスが訪れます。

　同じようにBtoBの商材については、仮に今回のタイミングでは失注したとしても、顧客が導入した競合のツールの使い勝手が思っていたよりも悪いとか、組織体制に変更があって予算が増額されたといった理由で、再度検討の俎上に載せられることは頻繁に起こります。

　基本的に営業担当は短期の売上目標を追うミッションを持っているため、長期にわたって失注顧客のフォローを行うインセンティブはあまり働きません。

　このような案件は、理想的にはマーケティング部門でフォローを行い、顧客の状況が何かしら変化したことをキャッチしたタイミングで営業部門につなぐようにします。

2-3-5. メールの配信結果をもとに　　顧客の状況を察知する

　顧客の状況に基づいたセグメントの移動は、顧客データベースや営業担当と連携して自動で処理されるのが理想的ですが、そこまでのコストがかけられない場合は、**メールの配信で得られる指標をもとにセグメントを振り分ける**こともできます。

　この場合、顧客の反応の基準とするのは「一定期間内のクリック数」が妥当です。

「『潜在層』のうち、過去5回のメールで3回以上クリックしている顧客を抽出し、『顕在層』に移動する」といった取り決めを行い、運用していく中で基準の見直しを行っていきます。

　そのような、メールに対する反応に基づいたセグメント間の移動を表したのが以下の図です。図中の「リエンゲージメントグループ」は、反

応が薄い・無反応な顧客を通常のリストとは別に管理し、購読解除に至らないような施策を打つための特別なグループです。詳細は2-5にて解説します。

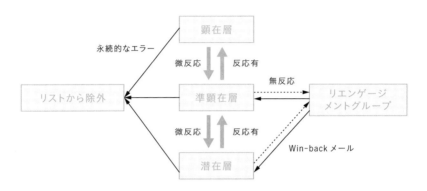

■ 図2-5 メールに対する反応に基づくセグメント間の移動

　各セグメントのうち永続的なエラー（Hard Bounce）が出たものはリストから除外するようにします。

　ところで、リエンゲージメントグループには「準顕在層」と「潜在層」の顧客しか移動していないことを疑問に思うかもしれません。「顕在層」にいる顧客の反応が途絶えたときは、他社のサービスを導入したとか、予算の策定タイミングを過ぎてしまったといった、何かしらの動きがあった結果であることが多いです。

　こうした場合、「導入したサービスがあまりうまく機能していない」とか「下期に再度上申する」といった理由で再度チャンスが訪れる可能性が高いため、リエンゲージメントグループに隔離してしまうのではなくアプローチの角度を変えて接点を維持することが有効なのです。

■ 顕在層の顧客には営業からのアプローチも

「顕在層」の顧客は、もっとも態度変容を起こす可能性が高いグループ

です。こうした顧客が、より購買に近いフェーズのコンテンツである「セールス型のコンテンツ」（3-2 参照）に反応したタイミングを見逃さないようにしましょう。

セールス型のコンテンツ内のクリックを起点としてシナリオメール（4-6 参照）を走らせたり、郵送DMなどメール以外のアプローチを行うことも効果的ですが、**セールス型のコンテンツに複数回反応している顧客に対しては、営業担当より直接架電を行って状況を把握する**ようにしましょう。

デジタル上のアクションデータから仮説を立てることはできますが、本当のところを知るには実際にヒアリングを行うのが一番確実で素早いのです。

態度変容を起こそうとしているタイミングを逃さないためにも、迅速に営業担当から連絡を行うようにしましょう。

2-3-6. BtoBのリストは「誰に送るか」と「どのような状態か」を重視

ここまで、セグメント配信について業種を問わず解説しましたが、ここからはBtoBの場合とBtoCの場合、それぞれのポイントをご紹介します。

BtoB企業がリストを整備する際に重視すべきは、**伝えている相手が「誰」であり、いまは「どのような状態」である**かということです。

例えば、問い合わせをした人が実務の担当者なのか、もしくは決裁者なのかによって、顧客の知りたい情報は異なってきます。

実務の担当者には、製品を導入するにあたって必要な準備や体制などより具体的な情報が好まれ、決裁者には製品の導入による費用対効果や他社の導入事例など、より大所高所から見た情報が好まれます。

小規模企業向けの製品を提供している場合や導入単価が低い製品ならば、実務担当者と決裁者がイコールなこともあると思います。しかし、

大企業向けの高単価な製品を提供している場合、実務担当者と決裁者は別であることがほとんどです。

企業の場合、DMU（Decision Making Unit：意思決定関与者）は複数存在するのが常であり、その分類も実務担当者と決裁者の2種類とは限りませんが、少なくともどのような立場の人なのかは把握しておく必要があります。

2-2で述べたとおり、入力フォームの項目は多くするほど入力完了率は減少します。

リストを多く集めたいということであればなるべく入力項目は少なくした方がよいのですが、リストの数より営業効率を高めたいという場合は、入力項目に「役職」を追加して、どのような立場の人なのか知ることを優先するのも1つの手です。

なお、資料請求などに対して即座に営業担当によるコールバックを行う体制ができているのであれば、フォームの入力項目自体は少なくしておいて、獲得リスト数を最大化することが可能です。この場合、役職などの付帯情報についてはコールバック時に獲得するようにしましょう。

「相手が誰か」を知ることができたら、次は「どのような状態」であるかです。

実務担当者と決裁者で知りたい情報が異なるように、具体的に導入を検討しているニーズの温度感が高い層と、まだ情報収集段階でニーズの温度感が低い層とでは必要としている情報は異なります。

繰り返しになりますが、横着してリストをひとまとめにするのではなく、きっちりと**ニーズに応じてグループを分けてセグメント配信を行う**ことで成果の最大化を狙います。

新規の顧客の場合は、フォームの入力項目や営業担当によるヒアリングを通してどのような状態なのかを把握することができます。

展示会やセミナーなど、顧客が多くヒアリングの時間を十分に取れないのであれば、アンケートに回答してもらうようにしましょう。

過去に失注した顧客については、継続的にアプローチをとっておくこ

とで顧客の状況の変化を知るようにします。とはいえ、営業担当が常に張り付いている必要はなく、これこそメールを使うべきところです。

先述したように、失注顧客にもメルマガで接点を持ち続け、そのメールへの反応をもって顧客の状況の変化を知るのです。

ここまでの話を踏まえると、「誰」が最低2種類、「どのような状況」が3種類（顕在層・準顕在層・潜在層）なので、6種類（2×3）のグループが出来上がりますが、そのすべてに対しメールを出し分けるのは、現実的ではありません。

6種類を、もっとも注力するグループ、次に注力するグループ、その他といったように3つのグループにまとめてのセグメント配信が現実的であり、十分でしょう。

2-3-7. BtoCのリストは「顧客の属性」を重視

BtoC企業の場合は、RFM分析などの顧客分析手法がグルーピングの参考になります。

RFM分析とは「Recency（最後に購入した日）」、「Frequency（購入の頻度）」、「Monetary（購入金額）」の頭文字をとったもので、それらに基づいて分析する手法です。

「Recency」では、顧客が最後に購入した日を分析の軸とします。数年前が最後の顧客よりも、直近で購入してくれた顧客の方が再購入してくれる可能性は高くなります。

「Frequency」では、顧客の購入頻度を分析の軸とします。1年間で1回しか購入しなかった顧客よりも、毎月購入してくれる顧客の方が優良顧客であると判断できます。

「Monetary」では、顧客がお店に対して支払った金額を分析の軸とし、金額が大きいほど良いお客さんと判断できます。

この3つの軸の掛け算で顧客を分類し、優先すべき顧客を考えたり、アプローチ方法を変えたりするのですが、当然ながらメールマーケティ

ングでも利用できます。

　例えば、購入頻度をもとにいつも日常的に買い物してくれる顧客や、以前は頻繁に買い物してくれていたのに最近は途絶えている顧客などでグルーピングをし、グループごとにメールを出し分けることでより高い成果を得られます。

　取扱商品の単価が比較的安く、購入頻度が高い商材を扱っているBtoC企業においては、BtoB企業のように顧客の温度感によるセグメントはそれほど必要ありません。

　また、メルマガの購読者が購買の意思決定をする人でもあるので、立場で分類する必要もありません。

　一方で、**居住地域や性別、嗜好といった顧客の属性に応じたセグメント配信**は絶対に行わなければなりません。RFM分析もその1つです。以下に代表的な分類手段を挙げておきます。

地理的変数 （ジオグラフィック変数）	国・地域・文化・宗教・気候など地理的な要素によって分類する
人口動態変数 （デモグラフィック変数）	年齢・性別・職業・世帯構成など属性によって分類する
心理的変数 （サイコグラフィック変数）	趣味・価値観など心理的な要素によって分類する
行動変数 （ビヘイビアル）	頻度・状況・場面など行動パターンによる要素によって分類する

■ 表 2-1　顧客の属性による代表的な分類手段

　顧客の属性を無視した配信は購読解除が増える原因となりますので、きちんとセグメントを分けて配信するようにしましょう。

　顧客のグループを動的に変更することは、こだわればこだわるほど成果が大きくなることが期待できますが、あまりに複雑な設定はメルマガの担当者が疲弊する原因にもなるので要注意です。

　CRMやSFAなどの情報と連動してグルーピングを動的に変更するの

はMAツールが得意とするところですが、もし手動で行うのであれば、セグメント配信と同様、社内のリソースを鑑みて現実的なラインで設計する必要があります。

　多くても3カ月に1回、現実的には半年に1回程度の見直しで大丈夫でしょう。

ポイント

- 良質なリストとは「態度変容を起こす」可能性がある顧客が多く含まれているリストのことであり、企業が発信するメッセージと顧客のニーズが一致している割合が高いリストのこと
- メールマーケティングの成果を最大化するためには、リスト全体に最大公約数的なコンテンツを送るのではなく、リストを興味・関心などの条件で分けてそれぞれに刺さるメッセージを出す「セグメント配信」を行う
- セグメント配信を行った場合、開封率は14.3％の上昇、クリック率は100.95％の上昇、購読解除率は9.35％の減少が見られる
- 興味・関心の薄い顧客にメルマガを送り続けることで、逆に購読者を失う結果になることもある
- リストをグルーピングする際にもっとも効果的なのは、コンバージョンまでの距離感で分ける方法である
- セグメントするグループの数は担当者1人につき2〜3つ程度。社内のリソースに応じて調整する
- 顧客の購買意欲は変化するため、グループ内のリストは動的に入れ替える必要がある
- 失注顧客についても、セグメント配信のグループを変更して接

点を維持すれば再度のチャンスが生まれる

- 反応の基準とするのは「一定期間内のクリック数」とし、運用を行いながら基準を調整する
- セールス型のコンテンツに複数回反応している顧客に対しては営業担当より直接架電を行う
- 態度変容が起きそうな顧客には迅速に営業担当がアプローチする
- BtoBではリストにいるのが「誰」であり、いまは「どのような状態」なのかを重視したセグメント配信を行う
- 実務担当者と決裁者、具体的に導入を検討している層と情報収集段階の層とでは必要としている情報は異なる
- BtoCでは居住地域や性別、嗜好など顧客の属性を重視したセグメント配信を行う
- グルーピングの見直しは3カ月～半年を目安に1回行う

2-4
指標を確認して
日常的にメンテナンスを行う

　質の高いリストを作るためのプロセスの3つ目は、「日常的なメンテナンス」です。

能動的な
受諾を増やす

動的な
セグメンテーション

日常的な
メンテナンス

リエンゲージメント
で復活

　1-2で取り上げた不達率の解説で、購読者側の受信サーバーから返ってくるエラー（Bounce）の管理はしっかりと行いましょう、と述べました。

　特に注意すべきは「永続的なエラー（Hard Bounce）」、つまり「メールアドレスが存在しない」というエラーです。

　存在しないメールアドレスにメールを送り続けるということは、リストを精査していない証拠であり、迷惑メールフィルタによって不正な配信と認定される可能性が高くなります。

　永続的なエラーが発生する理由は、主に「メールアドレスの入力間違い」と「メールアドレスの変更・更新漏れ」の2つです。

　メールアドレスの入力間違いは、顧客自身が誤ったメールアドレスを登録してしまった場合と、配信側によるミスの2つのパターンがあります。

　まず、顧客自身が誤ったメールアドレスを登録してしまうケースなのですが、これを防ぐ方法として登録フォームでメールアドレスを2回入力させていることも多いと思います。

メールアドレス	
メールアドレス（確認用）	

図 2-6　メールアドレスを 2 回入力させるフォームの例

　しかし、この方法はあまりおすすめしません。メールアドレスという入力しづらい文字列を顧客が 2 回も入力しなければならず、また第三者による登録を防ぐことができないためです。

　特に後者は、「トラップアドレス」（6-2 参照）という、「配信してはいけないメールアドレス」を第三者によって登録されてしまうという非常に悪質な嫌がらせが存在するのです。

　そのため、現在は**「ダブルオプトイン方式」**が主流であり、総務省の「特定電子メールの送信等に関するガイドライン」[5] でもこの方式が推奨されています。

　ダブルオプトイン方式とは、登録フォームの入力完了を仮登録状態とし、顧客が入力したメールアドレスに送られる、認証用のメールにあるリンクをクリックすることで本登録を完了する方式です。

　仮に顧客が誤ったメールアドレスを入力すると、認証用のメールが受信できません。また、第三者が他人のメールアドレスを入力したとしても、正規の持ち主が認証をしなければ登録されないのです。

　フォームへの登録が 1 回目のオプトイン、認証リンクをクリックすることが 2 回目のオプトインなので、ダブルオプトイン方式と呼ばれます（従来のフォームの入力完了時に登録を行うのは「シングルオプトイン方式」です）。

　ダブルオプトイン方式を採用することで、顧客が誤ったメールアドレ

5)　https://www.soumu.go.jp/main_sosiki/joho_tsusin/d_syohi/pdf/m_mail_081114_1.pdf

スを登録してしまうミスや第三者による嫌がらせを防ぐことができます。

　メールアドレスの入力間違いにはもう1つ、配信側による登録ミスというケースもあります。特に名刺や申込書など、紙に記載・記入された顧客情報をデータ化するときは要注意です。

　いまはOCRという、画像に含まれる文字列を解読しデータ化する技術が進んでいますので、これを活用することで、入力間違いやデータ化の手間を大幅に削減できます。とはいえ、最初からデジタルな手段で収集すればデータ化の必要もありませんので、なるべくデータで集められるようにしましょう。

　永続的なエラーが発生する理由のもう1つが、「メールアドレスの変更・更新漏れ」です。転職や携帯電話会社の変更、その他の事情によりメールアドレスが変更されることはままあります。

　メールアドレスが変更されてしまった後だと、企業側からアプローチしてメールアドレスを修正してもらうことは困難になってしまいますので、メルマガのフッターに登録情報の変更ページへのリンクを設置し、**顧客自らが情報の修正を行えるようにしておきましょう。**

　メールアドレスを変更しようとしたにもかかわらず、その導線が不明瞭だと購読解除されてしまいかねないので、登録情報の変更方法は必ずわかりやすく表示するようにしましょう。

　また、メール配信ツールのデータの差し込み機能を利用して、メルマガの下部に「このメールは＜送付先のメールアドレス＞宛てに送付しています」と記載しておくこともおすすめです。

　コンテンツ内で送付先を明示するテクニックは、複数のメールアドレスを使い分けている購読者からの「登録情報ページにアクセスできなくなった」とか「購読解除をしたのにまだ送付される」などのクレーム除けの対策にもなります。

　メール配信ツールを導入している場合、「永続的なエラー」「一時的なエラー」「購読解除」「マイページからの登録情報の変更」などの日々発

生する事象については、システムが自動で処理を行うのが一般的なため、特に企業側で手作業をすることはありません。

　マスターとなる顧客データベースがメール配信ツールとは別にある場合は、顧客が購読解除したのにマスターへの反映が抜けていて再度送られてしまう、といったことのないよう、配信ツール側で取得した結果を速やかにマスター側にも反映させるようにしましょう。

　これまでに示した対策を実施することで「メールアドレスの入力間違い」と「メールアドレスの変更・更新漏れ」は大幅に減少させることができます。

　リストの日常的なメンテナンスはメールマーケティングを行う上ではとても重要な作業ですので、なるべく少ない負担で行えるように体制を整えましょう。

ポイント

- 迷惑メールとして判定されないようにリストのメンテナンスは日常的に行う
- メルマガの登録は「ダブルオプトイン方式」を採用する
- メールアドレスの入力間違いを防ぐために、なるべく紙ではなくデジタルな手段で登録を行う
- 登録情報を変更するための導線は明確にする
- メルマガ内に顧客のメールアドレスを表示することでクレームを防ぐことができる

2-5

無反応の顧客を
リエンゲージメントで復活

質の高いリストを作るためのプロセスの最後は「リエンゲージメントで復活」です。

| 能動的な | 動的な | 日常的な | リエンゲージメント |
| 受諾を増やす | セグメンテーション | メンテナンス | で復活 |

2-3 にて、顧客のセグメンテーションは動的に行われなければならないと述べました。

顧客は「課題が明確で、他社と比較検討をしていて悩んでいる層（顕在層）」「課題は曖昧だが、何とかしなければいけないと思っている層（準顕在層）」「課題は不明瞭で、状況が変わるまで情報収集を続ける層（潜在層）」の３つのセグメンテーションのグループを行ったり来たりするからです。

しかし、2-3 でも少し触れたように、これら３グループとは別に「**リエンゲージメントグループ**」が存在します。

購読者の中でも、興味・関心度合いが著しく下がってしまい、長期的に接触を続けたとしても今後も態度変容を起こす可能性がない顧客については、潜在層グループからリエンゲージメントグループへと隔離を行わなければなりません。

そもそも反応が薄い潜在層グループへの配信なのだから、わざわざ隔離を行わなくてもいいのではないかと思うかもしれません。

本節では、なぜリエンゲージメントグループへの隔離が必要なのか、またそうした顧客を今後どのように扱うべきなのかを解説します。

2-5-1. リエンゲージメントグループの 対象となる購読者

　まず、メルマガの発行元と顧客との関係性のことを「**エンゲージメント**」といいます。このエンゲージメントを測る指標については、5-2 をご覧ください。

　メルマガにいつも反応してくれる購読者と配信元はエンゲージメントが高く、反応が薄い購読者と配信元はエンゲージメントが低い、という風に表現します。

　そして、このエンゲージメントが一番低い状態が「購読解除」をされた場合であり、**リエンゲージメントグループへ隔離する対象は、その前段階にあたる「無反応」の購読者**です。

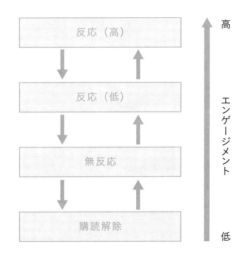

■ 図 2-7　エンゲージメントとメールに対する反応の関係

　リストには「まったく開封したことがない」もしくは「ここしばらくは開封していない」という非アクティブな購読者も含まれており、こうした購読者がまさに「無反応」に当てはまります。

2-5-2. リエンゲージメントグループへと
隔離する理由

　このような、非アクティブな購読者をリストに抱え込んでいると、配信したメールの開封率やクリック率が低く出てしまうだけでなく、それ以上の悪影響が発生する場合があります。

　2017年頃より、Gmailなど一部のメールクライアントでは、あまり開封されないメールを受け取っている購読者に対して購読解除を提案することが知られています。提案がなされるトリガーが一定期間の無反応なのか、一定回数の無反応なのか、はたまたその他の条件なのかは明かされていません。

　購読者がこの提案を受け入れた場合、メルマガが用意した購読解除の導線ではなく、メールクライアントの購読解除機能が使われます。

　メールクライアントによって購読解除した旨を配信元に通知する機能を「フィードバックループ」というのですが、もしこの機能にメール配信ツールが対応していない場合、購読解除の結果が反映されません。

　つまり、配信元のリストには残っているのに、実は購読者ではなくなっているという恐ろしい現象が起こります。

　また、このメールクライアントによる購読解除の提案が頻繁に行われるようなメルマガの配信元については、迷惑メールを配信しているとみなされる可能性が当然ながら高くなります。

「いつか反応してくれたらありがたい」といった軽い気持ちで、無反応な購読者をリストに残した状態で配信を続けることで、メルマガ自体がペナルティを受けてしまう可能性があるのです。

　以上が、エンゲージメントが極端に低い無反応な購読者をリエンゲージメントグループへ隔離する理由の1つです。

2-5-3. エンゲージメントが低い購読者の パターン

　無反応な購読者には、「最初からエンゲージメントが低かった」「徐々にエンゲージメントが低くなった」「エンゲージメントとは関係ない」の3つのパターンが考えられます。

「最初からエンゲージメントが低かった」パターンは、主にメルマガの登録時点で能動的な受諾（2-2参照）を得ていない購読者です。キャンペーンの応募と引き換えにメールアドレスを取得した場合などに起きがちなケースです。

　そうした購読者にとって、メールアドレスは「主目的（キャンペーン応募など）を達成するために差し出したもの」であり、メルマガに興味がない状態から関係性が始まっているのです。

　このような購読者をなるべく発生させないために「能動的な受諾」を推し進めるべきですが、それ以外にも登録後の画面や初回のメールでの工夫（4-3参照）が必要です。

　また、一番多いのが「徐々にエンゲージメントが低くなった」パターンです。

「別のお気に入りのブランドを見つけてしまったので興味がなくなった」など、関知しにくい要因で状況が変わってしまった場合もありますが、「（高額商品を）すでに購入し、しばらく購入予定がなくなったから」とか「子供の成長などライフステージが変わったので必要なくなった」といったように、顧客管理と動的なセグメンテーションがしっかりとなされていれば防げた場合もあります。

　最後の「エンゲージメントとは関係ない」パターンは、「使用するメールアドレスを変更したけれども申告していない」といった例が考えられますが、これも顧客が登録情報を変更できる導線を明確にしていれば防げたかもしれません。

2-5-4. リエンゲージメントグループの
　　　　　基準と対応

「無反応」とひとくちに言っても、その理由はさまざまです。

「能動的な受諾を増やす」ことや「適切な顧客管理」などによって、事前にエンゲージメントが下がりにくい仕組みを作っておくことが重要ですが、それでも無反応な購読者の発生を完全になくすことはできません。

　どの顧客を無反応な購読者とするかについては、メールクライアントが基準を示していないため明確なことは言えないのですが、例えば週2回配信している企業であれば、反応がなくなってから3カ月で要注意、半年でリエンゲージメントグループへ隔離して良いでしょう。

　なお、無反応な購読者がリストに占める割合が高かった場合、隔離後は通常グループの開封率やクリック率の数値が当然上振れします。

　隔離した「リエンゲージメントグループ」については、再度アクティブな購読者になるようオファーを行い（4-4参照）、反応があった購読者はまた通常グループに戻します。

　エンゲージメントがなくなる寸前の購読者を隔離し、再びエンゲージメントが構築できるように特別なメールを配信するのが「リエンゲージメント」です。

　無反応な購読者を切り捨てるのではなく、再度アクティブな購読者になるようリエンゲージメントの仕組みを作ることが重要です。

- メルマガの発行元と購読者との関係性のことを「エンゲージメント」という
- エンゲージメントが低い購読者にはメールクライアントによる購読解除の提案がなされる
- メールクライアント経由で購読解除された場合、配信元が把握できるとは限らない
- エンゲージメントが低い購読者を多く抱えるとメルマガ自体がペナルティを受けてしまう可能性がある
- エンゲージメントが低い無反応な購読者については、通常のメルマガ配信グループとは別に「リエンゲージメントグループ」で管理をする
- リエンゲージメントグループに隔離した購読者は、再度アクティブな購読者になるようオファーを行い、反応があった場合再び通常グループに戻す

第 **3** 章

手間を省いて
成果を生み出す
コンテンツの型

本章では、配信するコンテンツを作るとき
に意識したいポイントを解説します。「ファー
ストビューにCTAを配置する」「1通の
メールに1つのコンテンツ」といった基本の
「型」を守れば少ない手間で成果を得られ
ます。差出人名や件名の設定、BtoB／
BtoCそれぞれの注意点もご紹介します。

3-1
レイアウトとコンテンツの基本

メールマーケティングで成果を挙げるための3要素は「リストの質」と「タイミング」、そして「コンテンツ」でした。

良質なリストに対して適切なタイミングでメルマガを配信できたとしても、不出来なコンテンツでは期待通りの成果を出すことはできません。まずは、基本となるコンテンツの作り方について解説します。

3-1-1. コンテンツはHTMLメールで作成する

コンテンツを作る際、テキストメールとHTMLメールの2つの選択肢がありますが、**成果の面ではHTMLメールの方が圧倒的に有利**です。

- メール1通当たりのコンテンツの閲覧時間は「7秒以内」が76%（0-2参照）
- HTMLメールは、文字より情報量が多い画像が使用できる
- HTMLメールは、フォントサイズも行間も調整でき視認性が高い
- HTMLメールのボタンは、テキストメールのURLリンクより8倍クリックされる（詳細は本章）

これらの事実から、**コンテンツはHTMLメールで作ることを基本とします。**

とはいえ、全年齢向けの日用品を扱っている企業や高齢の方向けのサービスを提供している企業の場合、相手がHTMLメールに対応していないフィーチャーフォン（ガラケー）を使用している可能性も考慮する必要があるかもしれません。

携帯各社のフィーチャーフォン風スマートフォンの発売、3G回線停

波などを踏まえると、HTMLメールが受け取れない携帯電話を利用している人はどんどん減少している状況ですが、実際にHTMLメールの配信だけでよいのかは、結果から判断すべきでしょう。

多くのメール配信ツールでは「**マルチパート配信**」といって、受信環境によってHTMLメールとテキストメールを切り替えることができる機能を備えています。

当然ながらHTMLメールとテキストメールの2種類のコンテンツを作らなければいけないため、手間は増えてしまうのですが、どのような受信環境にも対応することが可能になります。

ここまでの話を整理すると、コンテンツの配信方法には「テキストメールのみ」「HTMLメールのみ」「テキストメールとHTMLメールの両方（マルチパート配信）」という3つの種類があります。

もっとも成果が最大化されるマルチパート配信を選択するか、効率を考えてHTMLメールのみにするかは、自社の状況に合わせて選択しましょう。

なお、マルチパート配信でコンテンツを2種類作らなければいけない手間を考えると、HTMLメールのコンテンツ上部に「HTMLメールが表示されない方はこちら」といったリンクを配置するのも1つの手です。

このリンク先として、本来メールのコンテンツ内で案内しようとしていた商品の一覧ページや、ランディングページなどを指定して誘導するのです。

受信環境については、ほかにも注意するポイントがあります。顧客の受信環境はパソコン、タブレット、スマートフォンとさまざまです。**レスポンシブメール**の作成に対応したメール配信ツールならば、画面サイズごとに自動で表示調整がされますのでこちらはツール選定時に確認をするようにしましょう。

3-1-2. メルマガのレイアウトは「型」を作成しよう

　さて、前置きが長くなりましたが、コンテンツの外枠である「レイアウト」の作り方について説明します。

　メルマガのレイアウトは「型」を作成し、テンプレートとして使用することで作成の手間を大きく削減できます。

　デザインを外注する場合も、最初にテンプレートを作ってもらえば、以降はそれをカスタマイズして自社でメルマガの作成が可能になります。

　作業時間の短縮のためにも、テンプレートを活用するようにしましょう。

3-1-3. ファーストビューにCTAを配置しよう

　メルマガのレイアウトを決める際に必ずやらなければいけないことは、**ファーストビュー（画面をスクロールせずに目に入る範囲）にCTAを配置する**ことです。

　CTAはCall To Actionの頭文字をとったもので、日本語では「行動喚起」と訳されます。ランディングページなど誘導先のページへのリンク・ボタンなどのことです。

　メールの場合、このCTAがファーストビューに入っているかどうかでクリックされる数は大きく変わっていきますので、必ず上部に配置するようにしましょう。

　私がラクス社に在籍していた際、「CTAの配置場所によるクリック率の変化」と「CTAの形式によるクリック率の変化」について調査を行ったことがあります。

　まず、「CTAの配置場所によるクリック率の変化」なのですが、CTAを縦に複数配置した場合、上から下に行くにつれ、クリック率が半減していくことが判明しました。

　例えば一番上部に配置した１個目のCTAのクリック数が100クリックであったならば、その下に配置した２個目は半分の50クリック、3個目はさらにその半分の25クリックといった具合です。一番伝えたい内容は一番上に配置するのが大事です。

　まれにWebサイトとの統一感を気にしてか、メルマガの上部にWebサイトと同じグローバルナビゲーションを配置している場合があります。

　グローバルナビゲーションをクリックさせることが目的ならばよいのですが、そうではない場合、顧客の誤クリックを誘発してしまい、目的のコンテンツへと誘導できなくなってしまうのでやめた方がいいでしょう。

　そして、「CTAの形式によるクリック率の変化」ですが、CTAを以下の３つの形式に分類しました。

　URLをそのまま記載した「URLリンク形式」、"資料請求はこちら"などの文字にリンクを設置した「テキストリンク形式」、ボタンを表示する「ボタン形式」の３種類です。

　これら３種類のクリック数について調査したところ、「URLリンク形式」・「テキストリンク形式」・「ボタン形式」のそれぞれがクリックされる比率は、1：3：8でした。つまり、ボタン形式はURLリンク形式の8倍もクリックされていたのです。

　さらにボタンの画像に影を付けてクリックができることを強調すると、フラットなデザインのボタンに比べて1.2倍近くのクリックが発生していました。

　特に制約がないのであれば、クリッカブル（クリックできる）とわかるデザインのボタンをCTAとして配置するケースが一番成果を挙げやすいです。

　また購読者は基本的に、画像はすべてクリックできるものと認識しがちです。画像の下にテキストリンク形式のCTAを配置するのであれば、

画像自体にもCTAと同じリンクを張っておくことでクリックの取りこぼしがなくなります。

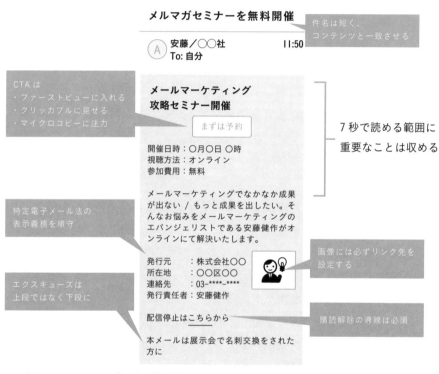

■図 3-1　メールマガジンの基本的なレイアウト

3-1-4. 冒頭の挨拶は不要、文章力に頼らない成果を

　繰り返しになりますが、メルマガの平均的な閲覧時間は76%の人が「7秒以内」です。

　人が1秒当たりに読むことができる文字数は10文字ほどであり、倍の速度で流し読みをしたとしても、**メールは140文字程度しか読まれない**ということになります。

「文章によって顧客とコミュニケーションをとり、顧客をファンにするもの」としての役割が期待されていた2000年代初頭の第一次メルマガブームの頃は、メールのコンテンツは親しみやすさや面白さが重要と思われていました。

しかし、ツールの発達によりメルマガの成果が出るパターンが可視化されるようになってくると、現在のメルマガに必要なのは文章力や高いデザイン性ではなく、目的の場所へとスムーズに誘導する導線設計であることが判明しています。

つまり、多くのメルマガ担当者を悩ませてきた「メルマガの入り（冒頭の挨拶など）」や「締めの文章（編集後記など）」はもはや不要なのです。

たまたま高い文章力をもった人員がメルマガの担当者としてアサインされている企業では、担当者による文章を楽しみにしているファンが付き、商談や購買が生まれているというケースもたしかに存在します。しかし、このようなケースは相当まれです。

他の担当者でも同じパフォーマンスが出せるというならよいのですが、多くの場合、その担当者の異動や休職によって成果が途絶えてしまいます。

顧客に親しまれる文章というのは誰でも書けるものではありませんし、再現性を持たせにくいものです。**多くの企業にとっては、定石に沿って導線設計を行った方が安定的な成果を出しやすい**のです。

3-1-5. 1通のメールにコンテンツは1つ

このように、7秒間・140文字という厳しい制約の中では「冒頭の挨拶」も「編集後記」も不要であると述べましたが、本題となるコンテンツも工夫が必要です。

結論から言えば、**1通のメールに記載するコンテンツは1つ**にしましょう。これには4つの理由があります。

1つ目の理由は、件名に記載したコンテンツしか読まれないた

めです。顧客がメールを開封する動機として一番多いのは、「件名に興味を持ったから」です。つまり、**顧客は件名に書かれているコンテンツを読むことが目的**であり、それ以外のコンテンツはよっぽどの興味がなければ読まれません。

　2つ目の理由は、**ファーストビューにすべきことを書かないと、顧客はアクションを起こさない**からです。7秒しかメールを読まない顧客を動かすには、一目見た範囲で何をすればいいかわかる必要があります。また、先述の通り、CTAを複数配置した場合、下に行くほどクリック率が半減することが判明しています。

　そのことを踏まえて、仮に4つのコンテンツを1通のメールに収めた場合のクリック数を予想してみましょう。

　一番上にある「コンテンツ①」が8クリックされたとすると、以降クリック数は半減していき、4つのコンテンツの合計のクリック数は15クリックとなります。

コンテンツ①	一番上部に配置	8クリック
コンテンツ②	2番目に配置	4クリック
コンテンツ③	3番目に配置	2クリック
コンテンツ④	4番目に配置	1クリック
合計		15クリック

■ 表 3-1　1通のメールに4つのコンテンツを配置した場合の各コンテンツのクリック数の例

　これを、コンテンツごとに4つのメールに分割して配信すれば、それぞれが一番上部に配置され、8クリック × 4通のクリックが見込め、合計のクリック数は32クリックになります。

　そして3つ目の理由が**コンテンツを作る手間を削減できる**ためです。1回の配信につき必要となるコンテンツが1つの場合と4つの場合とで

は、メールを作る手間もだいぶ違います。

　ネタを作りこむよりも配信頻度を増やす方が圧倒的に成果に直結するのです。配信頻度については4-2もご覧ください。

　最後に4つ目の理由が、<u>開封数を最大化できる</u>点です。メルマガの開封「率」は、平均的には20%未満です。つまり、残りの80%以上はそのタイミングでは開封していません。

　例えば4つのコンテンツを月1回まとめて配信するよりも、4通のメールに分けて配信した方が開封「数」は最大化されます。頻度が多ければ、顧客がメールボックスを確認したときに、一覧に自社のメルマガが含まれている可能性も高くなるからです。0-3 にて、「メールボックスを開いたタイミングで一覧にそのメールがなければ存在しないのと一緒」と述べたことを思い出してください。

　以上4つの理由から、1つのメルマガに書くコンテンツは1つにすることを強くおすすめいたします。

　なお、1メール1コンテンツが基本の型ではありますが、さらに成果を出したい場合は**複数コンテンツを使った「ローテーション配信」を行うのも効果的**です。

　ローテーション配信とは、**1メール内に複数のコンテンツを配置しつつ、コンテンツの位置を入れ替えて配信する**手法です。

　表3-1では1配信で合計15クリックが得られましたが、仮にこのメールを、コンテンツの順番を入れ替えつつ4回配信すれば、15クリック × 4回 で合計60クリックが得られる計算になり、最大の成果を得ることができます。

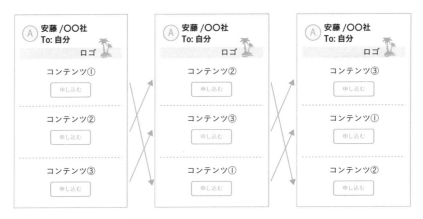

■ 図 3-2　ローテーション配信

　ただし、似たようなメールが短い期間に複数回配信されると購読者も困惑してしまいますので、ローテーション配信を行う際は1通ごとの間隔は最低でも1週間は置くようにしましょう。

3-1-6. 顧客に開封される差出人名と件名を設定しよう

　1-2の「開封率」でも述べたように、顧客がメールを開封するかどうかの判断に大きく影響を及ぼすのは、「配信タイミング」「差出人名（Fromアドレス）」「メールの件名（タイトル）」「プリヘッダー」の4つです。
　ここでは、差出人名、件名、プリヘッダーの適切な設定について解説します。配信タイミングについては第4章をご覧ください。

■ 差出人名（Fromアドレス）
　ほとんどのメールソフトにおいて、メールボックスの一覧画面で最初に購読者の目に入るのが差出人名（Fromアドレス）です。

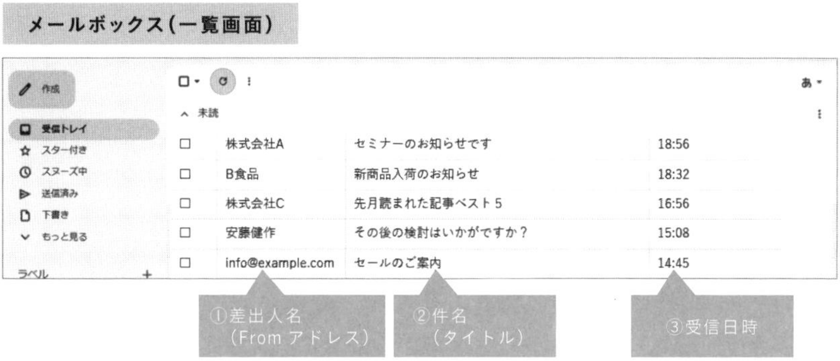

■ 図 3-3　メールボックスの一覧画面

　ラクス社が実施した「メールマガジンに関する意識調査2020」[1] では、「受信したメールマガジンを読むか読まないかをどう判断していますか」という質問に対して、件名の次に多かった回答が送信元（差出人名）でした。

　つまり、**「誰から来たメールなのか」ということは顧客にとってとても重要な要素**なのです。

　開封しただけでウイルスに感染するような危険性はほぼなくなったとはいえ、フィッシング詐欺などの迷惑メールはいまだ猛威を振るっており、多くの人は知らないところから来たメールは用心して開封しません。

　これは、**顧客の認知度が十分ではない名称を差出人名に使用してはいけない**ということでもあります。

　これからメルマガに取り組もうとする企業でありがちなことの1つが、メルマガにオリジナルの名称（例えば「○○通信」とか「○○ニュース」など）をつけてしまうことです。しかし、多くの場合はこのような名称は顧客に浸透していないので開封率を下げる要因となります。

....

1）　https://mailmarketinglab.jp/survey-about-mail-magazine-2020/

また、まれに差出人名を設定せず、メールアドレスそのままを差出人名として使用し続けている企業もありますが、これも顧客が認識できないという点では一緒ですので避けるようにしましょう。

差出人名にはサービス名や企業名など、顧客が十分に認知している名称を使用するのが基本です。

一例を挙げると、以前にプロスポーツクラブがクラブに所属している選手の名前でメールを出したところ、とても高い開封率を記録することができました。

BtoB企業や、不動産や自動車などの高単価なサービスを扱うBtoC企業で、顧客に対して専属の営業担当がアプローチするような体制ならば担当者の名前を差出人名として使用するのが効果的です。

その場合、メール配信部門は営業部門に「あなたの名前でこういうメールを送っていますよ」という情報を共有しておきましょう。

なお、セミナー開催やイベント出展の告知など広く情報を伝えるコンテンツの場合は、担当者名を使う必要はありません。その場合は企業名やサービス名で出すようにしましょう。

社名のみ	株式会社〇〇
担当者名のみ	安藤健作
社名＋担当者名 ※〇〇が社名	〇〇／安藤
	安藤（〇〇）
	安藤｜〇〇

■ 表 3-2　差出人名の例
※差出人名では利用できない記号等もありますので、必ず送信テストを行いましょう。

■ メールの件名

先述した「メールマガジンに関する意識調査2020」の結果では、**読者がメールを開封するか決定する判断軸の1位は「メールの件名」でした。**

　読者は、差出人名と件名の組み合わせによって瞬時に、自身に関係するか関心があるものかを判断し、メールボックスにある複数のメールのうちどのメールを読むかを決定しているのです。

　メールの件名の基本は、次の3つです。

- 短くすること
- 重要な情報ほど左にもってくること
- 読む動機を与えること

　メールの一覧画面において、メールの件名を何文字まで表示させるかはメールソフトによって異なりますが、一般的にPCでは25文字程度、スマートフォンでは15文字程度までは省略されることなく表示されます。

　せっかく重要なことが書いてあってもその部分が省略されてしまい、読むことができなければ意味がありませんので、**メールの件名は上記の文字数に収まるようにしましょう。**

　なお、メールの件名が一定の字数を上回る場合、メールボックスの一覧では省略されるものの、開封した閲覧画面では、件名は省略されずすべての文字が表示されます。

　顧客がPCで見ている場合は問題ないのですが、スマートフォンで見ている場合、メールの件名が長ければ長いほど、本文の表示スペースは下に追いやられてしまい、ファーストビューにCTAが表示されなくなる、ということも起こりえます。

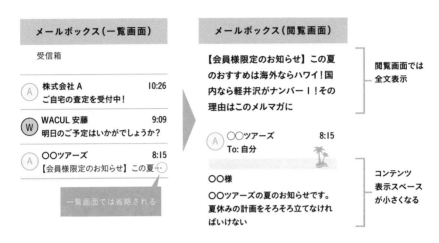

■ 図 3-4 メールボックスの一覧画面（左）・メールボックスの閲覧画面（右）

　特に総合通販や、チケット販売など取り扱う商品数が多い企業では件名に多くの商品名を詰め込みがちですが、それによってコンテンツの表示範囲が小さくなってしまわないように気を付けましょう。

　人の視線は左から右にZ字に動くと言われていますので、**見逃されないように重要な情報を左側にもってくる**こともポイントです。

　メールを読む動機となるような情報をメールの件名に含めることも開封率の上昇に寄与します。

　WACUL社とラクス社による共同調査「クリックしてもらえる可能性が高いメールの件名と本文とは？メールのベストプラクティス研究（Vol.1）」[2] によれば、投資信託系のメルマガであれば、業界ニュースなど一過性の情報よりも例えば「為替変動に対するリスクヘッジ」など、顧客が読むことで知見が溜まるようなメルマガの方が開封率が高いことが判明しています。

　また、一過性の情報であっても「セール」や「限定」などといった差

2)　https://wacul.co.jp/lab/posts/mail-marketing

し迫った状況を示す件名であれば、同じく開封率の上昇が期待できます。

　なお、「【】（墨カッコ）での強調や、顧客の名前の差し込みは効果的か？」という相談をいただくことがあるのですが、これまで計測した中ではこれらの工夫が特に数値に有利に働いているケースは多くありませんでした。

　墨カッコはたしかに目を引くのですが、一方で一般的なメールの件名には使用されず、過分にメルマガらしさが出てしまっているため、通常はかえって読み飛ばされてしまっているのではないかと思われます。ただし、金融機関やECショップが送る、手続きを促すメール（トランザクション系のメール）ではこの限りではありません。

　名前の差し込みについても、苗字だけならともかくフルネームが件名にあると、「いかにもメルマガらしい」と敬遠される可能性が考えられます。

　メルマガの件名をいろいろと試してきましたが、**自分が担当する顧客に書くような自然な文体を意識したメール**が一番効果的に働くようです。

■ プリヘッダー

　プリヘッダーとは、**メールの一覧画面でメールの件名の近くに補足的に表示される文章**のことで、プリヘッダーテキストともいいます。

　この部分にメルマガの概要や特に伝えたい内容を表示させることで、顧客はメールを開封しなくても中身を推測できるようになるので、プリヘッダーをうまく利用すれば開封率の更なる向上が見込めます。

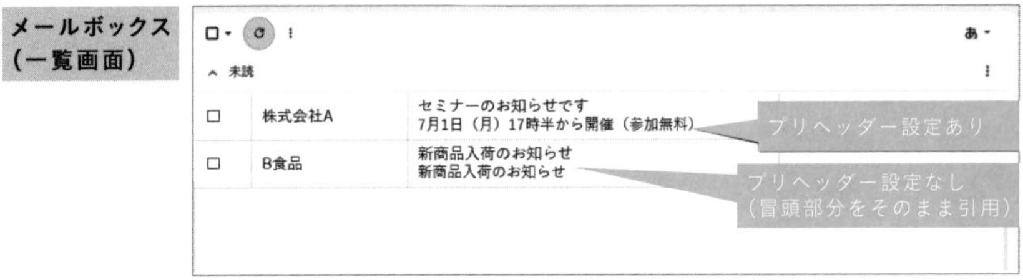

■ 図 3-5　メールボックスでのプリヘッダー表示例

　プリヘッダーを設定できるのはHTMLメールだけで、テキストメールの場合は自動でメールの冒頭部分が抜き出されて表示されてしまいます。プリヘッダーはHTMLメールのbodyタグで指定するか、メール配信ツールの機能で設定できます。

　すべてのメールソフトがプリヘッダーの表示に対応しているわけではありませんが、GmailやOutlook、Appleの「メール」アプリなど、主要なソフトは対応しています。

ポイント

- メールマーケティングで成果を狙うならHTMLメールは必須
- 「マルチパート配信」を使えば、受信環境によってHTMLメールとテキストメールを切り替えることができる
- 手間を削減するためにメルマガのレイアウトは「型」を作成し、テンプレートとして使用する
- ファーストビュー（画面をスクロールせずに目に入る範囲）にCTAを配置する
- 「メルマガの入り（冒頭文）」や「締めの文章（あとがき）」は不要
- 1通のメールに記載すべきコンテンツは1つ
- 複数コンテンツを使った「ローテーション配信」も効果的
- 顧客の認知度が高い差出人名を使用する
- 件名はPCなら25字以内、スマホなら15字以内に抑える

コラム

マイクロコピーにひと工夫

マイクロコピーとは、顧客の行動を後押しするちょっとした文言のことです。マイクロコピーをほんの少し工夫するだけで成果に大きな違いが出ることがあるのです。

メルマガのCTAを例として考えてみましょう。CTAとなるボタンにどのような文言を記載すればいいのでしょうか?

例えば、顧客に資料請求をしてもらうことが目的の場合、もっともよく見られるのは単に「資料請求」と記載するパターンです。

資料請求

このボタンをほんの少し工夫して「資料請求（無料)」としてみましょう。

資料請求（無料)

配信側からすると、資料請求が無料なのは当然かもしれませんが、「(無料)」が加わるだけでほんの少し心理的なハードルが下がった気がしませんか?

さらにもうひと工夫して「無料の資料を請求する」とすると、より一層行動が後押しされる印象を受けます。

無料の資料を請求する

このように、CTAのマイクロコピーをほんの少し工夫すること

で、顧客の心理的なハードルを下げる効果があり、行動に移してもらえる可能性が高まります。

　例えば、WACULではセミナーを告知するメルマガにおいて、CTAボタン内のマイクロコピーは長らく「申し込む」としていました。

　このマイクロコピーについて「このボタンを押すと申し込みが確定するのかと思っていた」という声をキャッチしたことから、ボタン内のマイクロコピーを「とりあえず申し込む」に変更したところ、クリック数が大幅に増加し、セミナーの参加数も増加しました。

「無料」や「限定」といった端的にメリットを伝える文言を入れてもいいですし、「とりあえず申し込む」や「売り切れる前にカートに入れる」などの行動を後押しする文言でもいいでしょう。

　少しの労力で成果が見込めるため、他社の事例なども参考にぜひ取り入れてみてください。

3-2

BtoBのコンテンツ設計

BtoB企業の場合、メルマガは**「マーケティングメール」**と**「セールスメール」の2つを織り交ぜて配信する**のが基本です。

前者は見込み顧客への情報提供で、後者は購買を具体的に検討している顧客へのアプローチです。セールスメールは、情報収集段階に留まる、多数派の顧客にとってはまだ必要とされていないコンテンツになります。

そのため、マーケティングメールをセールスメールより多く発信するようしっかりとコントロールをしましょう。**マーケティングメールとセールスメールは、4：1程度の比率**が望ましいです。

3-2-1. どれくらいのネタがあれば良いのか

メルマガを週に2回配信すると、年間で100個ほどのコンテンツが必要になります。さらにリストを2つに分けてセグメント配信をしているのであれば、その倍の200個ほどになります。

しかし実際には、セグメント間でコンテンツのネタを共有することもできますし、過去に配信したネタを流用することもできますので、最終的に50個ほど用意できれば問題ありません。

メールマーケティングを開始する時点ですべてのコンテンツを用意する必要はありません。新商品の案内やセミナーの案内など、次第に伝える内容が増えていくのが普通ですので、開始時点では20個ほどのトピックがあれば十分です。

また、顧客がメールを閲覧する時間は7秒程度であることを考えれば、コンテンツ自体のボリュームはそれほど必要ありません。

メルマガの目的はコンテンツをじっくり読んでもらうことではなく、

ランディングページへスムーズに顧客を誘導することであることを忘れないようにしましょう。

3-2-2. マーケティングメールの コンテンツとレイアウト

　マーケティングメールとは、「自社の商品を利用することでどのような課題解決につながるのか」とか、「自社の商品を検討している顧客に共通する悩みへの回答」など、購買より前の段階、より**抽象度の高いレイヤーのトピックを中心とした、情報提供型のコンテンツで構成されたメール**です。

　例えば自社でブログやオウンドメディアを運用しているのであればその記事が使えるでしょうし、Webサイトに掲載されている導入事例なども格好のコンテンツになります。

　自社を含む業界内では当たり前の話であっても、顧客には新鮮な情報だという場合もよくあるため、基本的な事柄についても臆せずネタにすると良いでしょう。

　さらに、実際に顧客と接する営業部門やサポート部門に協力を仰ぐことも忘れてはいけません。

　現場では、営業資料やマニュアルなどに書かれていないことを聞かれるケースが多くあります。そのような事例もコンテンツとして成立するので、定期的に話を聞きに行くようにしましょう。

　もちろん、自社でセミナーを開催する場合や、他社のカンファレンスに登壇するなどのようなケースの告知もトピックになるでしょう。

　マーケティングメールについても、前節で紹介した「1通のメールにつき1コンテンツ」と「ファーストビューにCTAを配置」が有効です。

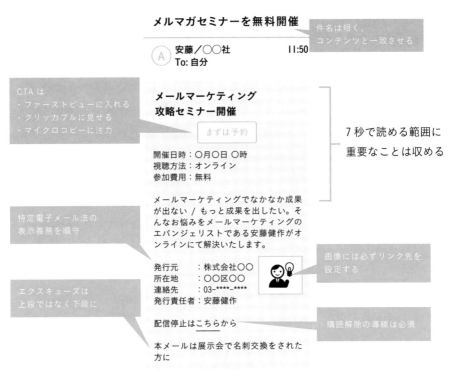

図 3-6　マーケティングメールの基本的なレイアウト（図 3-1 再掲）

3-2-3. セールスメールのコンテンツとレイアウト

　一方のセールスメールとは、現在の検討状況を尋ねたり、自社の商品を導入するために必要なステップを解説したり、キャンペーンの案内であったりといった、より**購買に近いフェーズのトピックを、営業担当の名前で送信するメール**です。「プロスペクトメール」とも呼ばれます。

　セールスメールのコンテンツを作る際は、営業担当が普段顧客に送るような、自然な会話の文体で作成すると効果的です。

　営業担当が自身の見込み顧客にメールを出すとしたら、どのような件名やコンテンツにするか、営業担当を巻き込んで考え、それをテンプ

レートとして使用するようにします。営業担当のなかでも、特にインサイドセールス部門がある場合、そことの連携は非常に有益です。詳しくは後述します。

件名・本文に送り先の社名や担当者名を差し込むケースも多いかと思いますが、この際に元となる顧客データベース上に社名や担当者名が入っていない顧客がいないか確認が必要です。

差し込むデータが存在しない場合、利用しているメール配信ツールでは「何も表示しない」のか「"default"や<none>と表示される」のか、どのような処理が行われるかも確認しておきましょう。

顧客データベースに歯抜けが多いようでしたら、あえて差し込みデータを使わないという選択肢も取れるでしょう。

さて、セールスメールのコンテンツには、アイキャッチの画像やCTAボタンなどは特に必要ありません。

また、BtoBのメルマガはスマホではなくパソコンで閲覧されることが多いため、テキストメールで作ってもそれほど見づらさは感じません。とはいえ、テキストメールでは開封率が計測できませんし、CTAもURLをそのまま文字列として記載することしかできません。

そこで、テキストメールを作成するのとほぼ手間の変わらない「**リッチテキスト形式**」でメールを作ることをおすすめします。

リッチテキスト形式はHTMLメールの一種ですので、開封率が計測できますし、またCTAについてもテキストリンクやボタンなど好きなように設定することができます。

また、リッチテキスト形式ではフォントサイズも変更できる上に、行間を指定できます。行間は「1.3倍」に設定すると見違えるほど文章が読みやすくなります。

リッチテキスト形式でのメール作成は、HTMLエディタを使用すれば、Wordのようなドキュメントソフトの操作感とほぼ変わりません。簡単に作れる上にテキストメール以上の効果も見込めますので、ぜひお試し

ください。

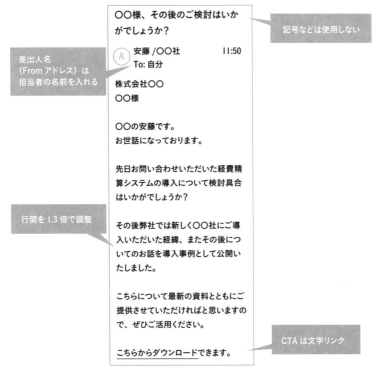

■ 図 3-7　セールスメールの基本的なレイアウト

3-2-4. 発展編：インサイドセールスとの連携による成果の最大化

　ここから先は、少し発展的な内容になります。0-1 で触れた、BtoB で一般化しつつあるマーケティング手法「デマンドジェネレーション」とも関連しています。

　さて、2010 年代の後半から、国内でも**「インサイドセールス」**という言葉をよく耳にするようになりました。

　インサイドセールスとは、直訳すると内勤営業という意味で、**見込み**

顧客に対して電話やメールなどの手段を使って営業を行う手法のことを指します。メールマーケティングは、インサイドセールスの現場で広く取り入れられています。

　国内ではそれまで、客先への訪問を行う外勤営業（フィールドセールス）が一般的でしたが、2010年代以降急激に普及したサブスクリプション型のSaaS製品を提供しているIT企業を中心に、徐々にインサイドセールスの手法が浸透してきました。

　サブスクリプション型のSaaS製品は、従来型のパッケージ製品と比較して、特に導入時のコストをかなり抑えられることがセールスポイントの1つとなっています。

　このビジネスモデルが成立するためには、長く使ってもらうことで1社当たりのLTV（顧客生涯価値）を高めるとともに、総契約数を最大化することが必要になります。また、1社当たりの売上が短期的には小さいため、1社当たりにかける営業リソースも小さくする必要があります。

　客先に出向かないということは、交通費の節約になるだけではなく、移動時間も不要になります。インサイドセールスでは、その空いた時間も顧客対応に充てることができるため、1人の営業メンバーが担当する顧客数も多くでき、営業リソースを効率化できるのです。

　サブスクリプション型のSaaS製品に限らずBtoBの商材は、一般的に決裁権を持つ人数も多く、意思決定までには長期の時間が必要です。

　それにより、BtoBのインサイドセールスでは、多くの顧客を抱えた上で長期的なアプローチが必要となります。大量にアプローチができ、その反応を測ることもできるメールマーケティングとは相性が良いのです。

　2-3で顧客を「顕在層」「準顕在層」「潜在層」の3つのセグメントに分類しましたが、インサイドセールスを行う多くの企業では「ホットリード」「ウォームリード」「コールドリード」などと案件を分類しています。

　マーケティング部門はメルマガを含むさまざまな手段でコールドリードにアプローチを行い、ホットリードとなった顧客はインサイドセールス部門に引き継がれます。ホットリードを渡されたインサイドセールス部門は、顧客にアプローチを行います。

　アプローチの目的は当然商談なのですが、もう1つの重要な役目は渡されたリードが本当にホットリードなのか、マーケティング部門にフィードバックすることです。

　インサイドセールス部門がアプローチした結果、ホットリードとして渡された案件の多くが商談につながらなかったのであれば、マーケティング部門はホットリードの判断基準を見直さなければなりません。

　逆に渡したリードのほとんどが商談化するのであれば、その基準は厳しすぎて有望な案件を取りこぼしている可能性もあるため、基準を緩める必要があります。

　また、インサイドセールス部門の方でも商談数や進捗状況によって、マーケティング部門から供給されるリードの基準を調整します。

　このように、マーケティング部門とインサイドセールス部門は常に密に連携をとる必要があるのですが、**リードのフィードバックを受ける際、顧客がどのような情報を欲しているのかといったメールのコンテンツのヒントももらう**と、メルマガ担当にとって非常に有益です。

　これまで私が見てきた事例でもっとも効果的だったのは、配信するセールスメールのテンプレートをインサイドセールス部門とともに作ることでした。彼らはどのようなメールが顧客に響くのかをよく理解しています。

　マーケティング部門はそれをテンプレート化するのですが、その際には可能な限りパーソナライゼーションできる余地を残します。

　パーソナライゼーションというと、単に顧客の社名や名前をメールの件名やコンテンツに差し込むことと思われがちですが、顧客の悩みをグループ化し、それぞれに刺さる件名やコンテンツにすることも、ダイナ

ミックコンテンツと呼ばれるパーソナライゼーションの1つです。

　メールマーケティングでセールスメールの効果を最大化するために
は、実際に顧客対応を行っているインサイドセールス部門とマーケティ
ング部門は協力する必要があります。

　良い協力関係を築くためには、まずはマーケティング部門がきちんと
商談化するホットリードを安定的に渡せることを証明しなければなりま
せん。まずは少数の人員で小さくはじめ、徐々に全体を巻き込むように
しましょう。

ポイント

- BtoB企業が出すメルマガは「マーケティングメール」と「セー
  ルスメール」を4：1の割合で配信する
- コンテンツのネタは当初20個、最終的に50個程度用意できれ
  ば問題ない
- マーケティングメールは、情報提供型のコンテンツで構成され
  たメール
- マーケティングメールのレイアウトはテンプレート化する
- セールスメールは、購買に近いフェーズのトピックを、営業担
  当の名前で送信するメール
- セールスメールにCTAや画像は不要。リッチテキスト形式が有
  効
- セールスメールのテンプレートを営業担当、特にインサイド
  セールス部門とともに作ることは非常に有効

3-3

BtoCのコンテンツ設計

BtoC企業においても、3-1で説明した「1通のメールに1コンテンツ」「ファーストビューにクリッカブルなCTA」が基本の型となります。

3-3-1. レイアウトとコンテンツの 基本を忠実に行う

例えばアパレル企業において、新作のスカートとジャケット、ワンピースがある場合、それらを1通のメルマガで「春夏のニューアイテム」などとまとめて案内するよりも、スカート、ジャケット、ワンピースをそれぞれ1通ずつに分けて案内する方が最終的に得られる成果は大きくなります。さらなる成果を求める場合は、ローテーション配信に取り組むのもよいでしょう。

この場合、CTAについては、その商品のアイテム詳細ページに直接リンクするよりも、その商品を含むアイテム一覧ページにリンクする方が、Webサイト回遊やついで買いが生まれやすくなります。

3-1で述べたように、購読者はコンテンツ内にある画像はすべてクリックできるものと認識しやすいため、商品画像とは別にCTAを設ける場合は必ず商品画像にも同じリンクを設定するようにしましょう。

差出人名についても、顧客の認知を得ているもの（ブランド名やサービス名など）にすべきです。

件名については、BtoBと異なり顧客の多くがスマートフォンで閲覧することを考慮して、**15文字前後**に収めましょう。スマホはメール画面が小さいため、**件名が長すぎるとコンテンツの表示範囲が狭まり、CTAがファーストビューからはみ出てしまう**可能性もあります。

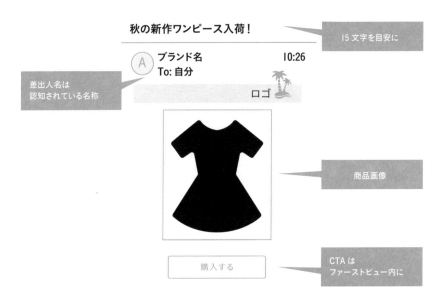

秋の新作ワンピース入荷！

15文字を目安に

Ⓐ ブランド名　　　　10:26
To: 自分

差出人名は
認知されている名称

ロゴ

商品画像

購入する

CTAは
ファーストビュー内に

■ 図 3-8　BtoC の基本的なレイアウトとコンテンツ

3-3-2. 発展編：読ませるメルマガの コンテンツ作り

　ここから先は発展的な内容として、「1通のメールに1コンテンツ」を基本とした「動かすメルマガ」ではなく、「読ませるメルマガ」（1-1参照）のコンテンツ作りをご紹介します。

　BtoCの場合、企業によってはメルマガでストーリーを語るために複数のコンテンツを掲載するパターンもあります。これが「読ませるメルマガ」で、ハイブランドのメルマガやファンクラブの会報などがその代表例です。

　このタイプのメルマガは顧客側のエンゲージメントも高いため、長文であっても読了率（本文が最後まで読まれる割合）は高くなりますが、より**読了率を高めるために読みやすいレイアウト構成にする**ことが大事です。

　特に顧客の大部分はスマートフォンでメルマガを読んでいるということを意識しましょう。

　コンテンツのほとんどをテキストが占めていると読みづらくなってしまいますので、適当な位置に「ディバイダー（区切りの横罫線）」や「画像」などを挟むと良いでしょう。画像にテキストを入れる際は、スマートフォンで見ても読むことができるサイズの大きさになっているか確認しましょう。

　特に、WebサイトのバナーやOGP（Webサイトが SNS などでシェアされた際に表示される画像）をメルマガに流用する際は注意が必要です。

　また、コンテンツ内で使用するテキストについては、フォントサイズは15ポイント以上、行間は1.3倍に設定すると、ぐっと読みやすくなります。

　なお、Gmailではメルマガのサイズの合計が102KBを超えると、後半のコンテンツを省略してしまい、「メッセージ全体を表示」をクリックしないと表示されなくなってしまいます。

　テキストだけならよほどの長文でもない限り102KBを超過することはないので気にする必要はありませんが、HTMLメールを記述する場合はソースコードの総容量に気を付ける必要があります。なお、画像については、ソースコード内ではURL（パス）で表記され、外部から読み込まれるため、画像サイズはここでの総容量に含まれません。

　ただし、そもそも画像サイズが大きいと、地下鉄の車内や繁華街など通信状態があまりよくない場所では、画像がなかなか読み込まれず、本文を読まずに離脱してしまう顧客が出てきます。画像は1枚当たり200KB以内に収まるようにしましょう。

10月ファンクラブ会報

(A) ブランド名　　　　　　10:26
To: 自分

ソースコードの総容量が102KBを超えないようにする
画像は1枚あたり200KBが目安

ディバイダーで見やすく

画像を挟むと読みやすい

フォントサイズは15ポイント以上
行間も1.3倍で設定

図 3-9　読ませるメルマガの基本的なレイアウトとコンテンツ

　なお、読ませるメルマガの目的は、そのメルマガを読んだ顧客とのエンゲージメントを深めることで長期的な関係性を築くことです。

　そのため、顧客がメルマガに何を求めているのかを正しく理解する必要があります。編集会議などでコンテンツのネタを考えるだけではなく、時には購読者に対してメルマガに求める内容についてアンケートを実施するのも有効です。

　読ませるメルマガの効果はすぐには出ないため、書き続けるためのモチベーションも重要になってきます。メルマガの担当者は1人ではなく、複数人でチームを組むようにして、負担が1人に偏らないようにしましょう。配信頻度をそれほど高くする必要もありません。

　しかし、月1回など極端に回数が少ないのであれば、配信日を固定した上で「毎月第1水曜日に配信します」などと登録フォームやメールに記載してスケジュールを公表することで、購読者が見逃してしまうのを防ぐようにしましょう。

　配信結果の数値を確認する際は、リスト内の一定期間内のユニークな（一意な）開封数を基準として、期間における最終的な開封率および購読解除率を確かめるのがおすすめです。

ポイント

- BtoCでも「1通のメールに1コンテンツ」、「ファーストビューにクリッカブルなCTA」は基本の型となる
- 差出人名は顧客が認知している名称にし、件名は15文字前後に収める
- 商品画像と別にCTAを設ける場合は、画像にもリンクを設定しておく
- 「読ませるメルマガ」にはディバイダーや画像を取り入れ、読みやすいレイアウト構成にする

GIF動画に隆盛の兆し

　最近、海外ECサイトのメルマガではGIF（ジフ）形式の動画を使用したものがとても多くなっています。GIF形式は、画像ファイルをアニメーションのように表示できる機能のあるフォーマットです。

　GIF動画で、アイキャッチをより目を引くものとする使い方もあるのですが、商品画像にも活用できます。靴を360度ぐるっと撮影してディテールを見せたり、ケーキを切って断面図を見せたりと、静止画よりも詳細な情報を届けることができます。

　YouTubeなどの動画を埋め込むよりも手軽にでき、GIF動画は自動再生なので購読者のアクションを必要としません。

　GIF動画の作成には専用のツールもありますが、アニメーションにしたいPowerPointのスライドをGIFとしてエクスポートする形でも可能です。アイディア次第でいろいろな活用ができますので、ぜひ挑戦してみてください。

第 **4** 章

読まれるための
配信タイミング

本章では、配信タイミングの設定によっ
てより多くの読者と成果を獲得するため
の方法をお伝えします。顧客の態度変
容を促すために必要な「Win-backメー
ル」、「ステップメール」、「シナリオメー
ル」といった高度な配信方法も解説します。

4-1

顧客がメルマガを読む状況を想定する

　ファンクラブの会報など顧客のエンゲージメントが高いメルマガなら、配信スケジュールを固定化することで安定的に開封してもらうことができます。

　しかし、企業などが配信するメルマガのほとんどは、顧客が「ちょっとした空き時間にたまたま閲覧する」ものです。**開封率を最大化するためには、配信タイミングをきちんと計画する**必要があります。

　BtoBでもBtoCでも、重要なのは**顧客の行動・生活リズムを推測し、どのタイミングでメルマガを配信すれば効果的なのかを想定する**ことです。

　もし、顧客の行動がよくわかっていないのであればGoogle アナリティクスなどのWebサイト解析ツールを使って自社のWebサイトが一番閲覧されている時間を把握し、その時間の少し前にメールを配信してみるといいでしょう。

4-1-1. BtoBは平日に配信

　改めて確認ですが、BtoB企業のメルマガの場合、**顧客が活動する平日の配信が基本**となります。ただし、週の初め月曜日の午前中と、週の終わり金曜日の午後は、メルマガへの反応は鈍くなると言われています。

　時間帯については、朝夕の通勤時間と、お昼休みの前後の反応が良くなる傾向にありますが、**配信するメールの内容によっても配信の時間帯を考慮する**必要があります。

　例えば、配信するメールが資料請求フォームや問い合わせフォームへの誘導を目的としている場合は、通勤時間帯よりも日中の配信が効果的です。

　通勤時間帯に私物のスマートフォンでメルマガを閲覧していて、そのままフォームに入力する際に、プライベートで使っているメールアドレスや電話番号が入力されてしまうケースがあります。

　プライベートの連絡先は、勤務中は利用しない／できないことが多いため、せっかく顧客に入力してもらってもアプローチができなくなってしまいますので注意が必要です。これが日中の配信が効果的な理由です。

　なお、フォームへの誘導がない情報提供型のマーケティングメールについては、通勤時間帯でも日中でも問題はありません。

4-1-2. BtoCは顧客の余暇時間に配信

　BtoC企業のメルマガの場合は、平日朝夕の通勤・通学時間や昼休みおよび夜間、もしくは週末など、**顧客の余暇時間に合わせた配信が一般的**です。

　突発的なセールや、数量限定商品の販売など、顧客に即時のアクションが求められる場合の告知は、メールよりもLINEなどのSNSによるプッシュ通知の方が有利です。

　一方で、**メールはSNSと異なり情報がストックされていく**という利点があります。

　例えば、数日後に始まる新商品の予約などは、SNSで告知すると新着の投稿によって埋もれていき、後日顧客が再度見つけるのは困難になりますが、メールの場合はメールボックスに残っているため、いつでも情報を見返すことができます。

　そのため、メールで予告してSNSで予約開始を案内するなど、両者をうまく使い分けることで効果的な情報伝達が可能になります。

配信頻度を増やすメリット

4-1で述べたように、1人でも多くの顧客にメールを読んでもらうためには、多くの顧客がメールボックスを開くタイミングを予想して、その時間に届くようにメールを配信するのが基本です。

しかし、その結果、毎週火曜日のお昼がよいと予想して配信したとしても、それでは週に1回の配信によって得られるだけの成果が最大値ということになってしまいます。

その成果では設定した目標に達しないのであれば、配信頻度を増やす必要があります。単純なことですが、週1回配信していたメルマガを、週2回の配信に増やせば、より多くの顧客の目に触れることが可能になり、成果をさらに大きくできるのです。

配信頻度を増やすことを提案すると、「購読解除が増えるのではないか」とか「コンテンツを作る負担がさらに増えるのではないか」といった心配の声を聞くことがあります。

ご心配はもっともですが、配信頻度を増やすことには確かなメリットがあります。

4-2-1. 配信頻度を増やせば ユニークな開封数は増加する

さて、仮に自社のメルマガの開封率の平均が20%ほどだったとします。このことから「リストのうち20%しかメルマガの読者がいない」と判断してしまうのは少し早計と言わざるを得ません。なぜなら、その開封した20%の顧客がいつも同じ人だとは限らないからです。

実際に、同じリストに対して同じ内容のメルマガを2回に分けて配信した結果が表4-1になります。

日付	配信数	開封数	開封率
7/21	12,562	2,210	17.6%
7/26	12,671	2,203	17.4%

表 4-1　同じメルマガを 2 回に分けて配信した結果

　ご覧のように開封率はどちらも 17.5％ ほど、開封数も 2,200 人前後でほぼ変わりがありません。配信数が若干異なるのは、一時的なエラーの発生などによるものです。

　この 2 回の配信でメールを開封した人の内訳を調べた結果が以下の図です。

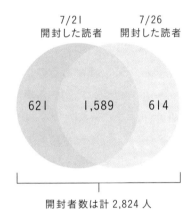

図 4-1　2 回の配信でメールを開封した人の内訳

　この 2 通のメールについては、「1 通目しか開いていない人（全体の22％）」「1 通目も 2 通目も開いた人（全体の56％）」「2 通目しか開いていない人（全体の22％）」の 3 パターンが存在していました。

　2 通のメールの開封者はそれぞれ 2,200 人前後でしたが、毎回同じ2,200 人しかメールを開封していないわけではありません。ユニークな開封者数を調べると、実は開封者の合計は 2,824 人となります。

「開封率は2回とも17.5%ほどである」というデータを額面通りに受け取ってしまうと、自社のリストのうち17.5%の人にしかアプローチできていないと思ってしまいそうですが、実はこの2回だけでもリストの約22.4%にアプローチできていたのです。

　これは1週間のうちに2回の配信を行ったときの結果ですが、1カ月などもっと長いスパンで見てみると、ユニークな開封者の合計はより多くなるはずです。

　なお、自社のリストのうちどれくらいの人にアプローチできているかは、1-4でも触れたように、配信ツールから開封者のリストをエクスポートして比較するだけで簡単に調べられます。ぜひ、自社のデータを使って調べてみることをおすすめします。

　そもそも顧客は、いつもきっちり同じ時間にメールボックスを開くわけではありません。習慣として、「いつも〇時くらいにチェックする」という人であっても、前後数十分の幅があるのは普通なことです。

　また、ラクス社の「メールマガジンに関する意識調査2020」[1] によると、大多数の人はメールボックスの一覧にあるなかで興味を引いたメールを閲覧します。受信したメールはすべて読むという人はごくわずかしかいません。

　つまり、**メールの開封は次の4条件がそろって初めて発生するアクション**なのです。

1　メールを見る時間ができた
2　メールボックスを開いたときにメールの一覧画面に存在した
3　差出人名（Fromアドレス）が知っているところだった
4　件名（タイトル）に興味をひかれた

....

1）　https://mailmarketinglab.jp/survey-about-mail-magazine-2020/

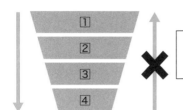

イベントは ①→②→③→④ の順番で発生する
※④→③ 以外で逆はない

■ 図 4-2　開封アクションが起こる条件の発生順序

　そして、上位の条件が満たされないと下位の条件も満たされません。メールボックスの一覧画面にメールがなければ、差出人名を見ることは起こり得ません。つまり、**配信頻度を増やし、顧客がメールを見るタイミングでメールボックスの一覧画面に存在する可能性を高める方が、差出人名や件名を工夫するよりも効果が大きくなる**のです。

　どれくらいの配信頻度が最適なのかについては本節の最後に述べますが、広告や宣伝を目的とする場合は、月に 1〜2 回では明らかに少なすぎます。その配信頻度で目標を達成するのは難しいでしょう。

4-2-2. 配信頻度を増やすと購読解除率は上がるのか

　さて、配信頻度を増やす際に一番懸念されるのが、購読解除が増えることです。しかし、WACUL 社とラクス社の共同調査『「メール送りすぎ？」という遠慮は不要。メールマーケティングの実態調査』[2] の結果では、**購読解除は増えません**でした。

---

2)　https://wacul.co.jp/lab/posts/mail-marketing_best-practice_report_2

		開封率	クリック率	反応率	配信頻度
全体の中央値		19.23%	1.20%	6.58%	週1.85回
配信解除率別の中央値	低（0.03%未満）	22.14%	1.40%	7.55%	週2.36回
	中（0.03%以上0.3%未満）	17.83%	1.16%	6.49%	週1.60回
	高（0.3%以上）	19.56%	0.91%	5.64%	週1.42回

■ 表 4-2 配信解除率別の各指標の中央値（出典：『「メール送りすぎ？」という遠慮は不要。メールマーケティングの実態調査』）

メルマガを配信すると、毎回一定数の人が「自分には関係ない内容だ」と判断し、メルマガの購読解除を行います。

配信ごとの購読解除率がベンチマークとなる0.25%未満を下回っているのであれば正常な範囲であり、それほど気にかける必要はありません。メールマーケティングの目的は「態度変容」なのですから、態度変容を起こさない顧客がリストから外れていくことは大きな問題ではありません。

さて、いくら調査データでは購読解除率と配信頻度に相関はなかったとはいえ、「あまりにメールの配信頻度が多いと、相手は気分を害して購読を解除してしまうのではないか」と危惧することは理解できます。

しかし、この危惧はそもそも「顧客は自社が配信したメールはすべて見てくれている」という、配信側にありがちな思い込みによるものです。

実際、あなたが昨日受け取ったメルマガがどこから届いたものか、また、そのメルマガはどれくらいの配信頻度で届いているか正確に思い出すことはできるでしょうか？　よほど記憶に残っているメルマガでない限り、思い出すことは困難でしょう。

だからと言って、「どうせ覚えていないならば毎日配信しよう」と早まらないようにしましょう。

　顧客がメルマガに登録するのは「役立つ情報が送られてくること」を期待しているためです。

　例えば株式運用を行っている人が、世界経済の情勢を知らせてくれるメルマガを毎日受け取ったとしても、顧客が欲している情報とコンテンツが一致しているので購読解除はしません。

　しかし、毎日送られてくるコンテンツが世界経済の情勢ではなく、メルマガの発行元が運営する動画配信サービスへの入会案内だったらどうでしょうか?

　この場合、顧客が欲している情報とコンテンツが一致していないため、購読解除率は上昇するのです。

　1-2の「購読解除率」でも説明した通り、メルマガを購読解除した理由を尋ねると「配信頻度が多い」という回答が上位にランクインしがちですが、これは「"不要な情報の"配信頻度が多い」ということです。

　顧客が求めている情報を毎日送れるならば毎日配信しても問題ありませんが、そうではなく、自社に都合のよい情報しか送れないのであれば配信頻度を上げるべきではありません。

　一方で、**顧客のニーズに合致している情報であれば、どんなに配信頻度が高くても、購読解除を心配する必要はない**はずなのです。

4-2-3. 配信頻度を増やすと　　　担当者の負担が増えるのではないか?

　配信頻度を増やすことで担当者が頭を悩ませるのが「コンテンツを作る負担がさらに増えるのではないか」ということです。

　週1回の配信を週2回の配信に増やせば、労力が2倍になってしまうことを危惧する担当者の方も多いでしょう。

　しかし、そもそもいまの状態がメールの作成に時間がかかりすぎているということはないでしょうか?

　序章、第3章でも繰り返しお伝えしたように、顧客がメールを見るの

は一瞬のことで、コンテンツの分量と成果は比例しません。

　メールの役割は、あくまでも顧客をスムーズにランディングページへ誘うことであり、その基本を理解していれば注力すべきはコンテンツのレイアウトであることがわかります。3-1で紹介した、「1通のメールに1コンテンツ」という定石を検討してみましょう。

　BtoB企業でセミナーが複数回開催されるのであれば、それは1通にまとめるのではなく、セミナーの開催回数分に分けて配信します。

　BtoCのアパレル企業であれば、秋の新作をまとめて配信するのではなく、アウターやボトムスなどのカテゴリー、あるいは商品ごとに分けて配信するのです。

　このやり方であれば、負担は今とあまり変わらないか、減少するのではないでしょうか。

4-2-4. どれくらいの頻度で配信するのが適切か

　では、実際のところどれくらいの頻度で配信するのが適切なのか。これは、配信元と顧客との関係性（エンゲージメント）や、配信元がどれだけコンテンツを作ることができるのかによって異なります。

　顧客との関係性が良好で、顧客が求めるコンテンツをいくらでも用意できるのであれば、毎日発行しても問題ありません。

　まずは少しでも配信頻度を増やしてみようということであれば、前述の共同調査の結果では週2回〜3回くらいの配信がベストスコアでしたので、ここを目指していくのが良いかと思います。

　いま週1回の配信ならば週2回、週2回配信できているのならば週3回の配信を目指してみましょう。

		開封率	クリック率	反応率	解除率
	全体の中央値	19.23%	1.20%	6.58%	0.10%
配信頻度率別の中央値	週に0.5回未満 （2週間に1回未満）	20.22%	3.73%	15.91%	0.21%
	週に0.5回以上1回未満 （およそ2週間に1回）	18.91%	1.23%	7.88%	0.16%
	週に1回以上2回未満	20.68%	1.22%	5.94%	0.12%
	週に2回以上3回未満	19.36%	1.39%	6.50%	0.07%
	週に3回以上4回未満	20.01%	1.05%	6.96%	0.06%
	週に4回以上5回未満	16.58%	1.13%	7.77%	0.09%
	週に5回以上6回未満	17.29%	1.31%	6.63%	0.02%
	週に6回以上7回未満	14.51%	0.79%	8.70%	0.00%
	週に7回以上14回未満 （1日1〜2回）	12.96%	0.85%	5.14%	0.03%
	週に14回以上 （1日2回以上）	15.79%	0.94%	6.11%	0.06%

表 4-3　配信頻度別の各指標の中央値（「『メール送りすぎ？』という遠慮は不要。メールマーケティングの実態調査」の調査結果より引用・改変）

ポイント

● 配信タイミング、差出人名、件名を調整するより配信頻度を高めた方が確実に成果につながる
● メールの開封は「メールを見る時間ができた」「メールボックスを開いたときにメールの一覧画面に存在した」「Fromアドレスが知っているところだった」件名に興味をひかれた」という4つの条件がそろって初めて発生するアクションである

- 顧客のニーズに合致している情報を出しているのであればどんなに配信頻度が高かったとしても、購読解除を心配する必要はない
- コンテンツの量と成果は比例しない。担当者はコンテンツ作りに時間をかける必要はない
- まずは週2回の配信を目指す

登録完了画面とウェルカムメール で良い関係性の第一歩を

　顧客との間に良い関係性（エンゲージメント）を築くことは、メールマーケティングで成果を出すために有利に働きます。

　その最初のチャンスは、顧客がメルマガに登録した直後に訪れます。メルマガに登録した瞬間は、顧客の期待が一番高まっているタイミングです。

　そして、その顧客の期待を最大限に高め、持続させるために重要な役割を果たすのが「**登録完了画面**」と「**ウェルカムメール**」になります。

4-3-1. 登録完了画面で ネクストステップにつなげる

　登録完了画面とは、メルマガを登録する際、入力フォーム（もしくは入力内容の確認）の次に表示される、**メルマガの登録が完了したことを顧客に知らせる画面**のことです。

　多くの企業では、この画面が十分に活用されているとは言えない状況です。

　よくあるケースは「メルマガへの登録が完了しました。登録ありがとうございました」といったように、処理内容と簡単な感謝を述べているもの。しかし、それだけでは不十分ですし、定型的で顧客の記憶にも残りません。

　登録完了画面はメルマガに登録した全員に表示される画面なのですから、活用しない手はありません。

　例えばBtoB企業の資料請求フォームならば、今後に開催する予定のセミナーを一覧で案内することができます。製品の申し込み完了後の画面ならば、製品を使い始めるためのチュートリアルやサポートページを

案内したりすることもできます。

　BtoC企業ならば、メルマガ登録後に利用できる初回限定の割引クーポンを表示したり、メルマガに登録した人限定で閲覧できる特集コンテンツを用意したりすることもできるでしょう。

　登録完了画面をただ漫然と用意するのではなく、**ネクストステップの場として活用する**のです。

　また、画面にユーザーが入力したメールアドレスを表示させることで、自身が登録したメールアドレスに誤りがないか確認してもらうこともできます。

　ダブルオプトイン（2-4参照）などの仕組みを用意していない場合、顧客が誤ったメールアドレスを入力したことに気づかないまま時間が経過してしまうこともありますが、登録完了画面を活用することで、早い段階で気づいてもらいやすくなります。

4-3-2. ウェルカムメールで自己紹介を

　登録完了画面と同じく、顧客との良い関係性を築く第一歩に重要な役割を果たすのが、ウェルカムメールです。

　ウェルカムメールとは**メルマガに登録したことを顧客に知らせる1通目のメール**のことです。

　GetResponse社の調査[3]によると、この**ウェルカムメールの平均的な開封率は63.9％と、非常に高い**ことが判明しています。

　それだけ多くの顧客の目に触れるポテンシャルがあるものですが、ウェルカムメールの件名を「メルマガ登録を受け付けました」といった事務的な内容にすると、件名から内容が想像できてしまい、顧客は開封する動機がなくなってしまいます。

....

3)　「2023 Email Marketing Benchmarks by GetResponse」https://www.getresponse.com/resources/reports/email-marketing-benchmarks

　メールには「トランザクションメール」と呼ばれるものがあります。これは、顧客がWebサイト上で予約・申し込み・購買・取り消しなどのアクションを行った際に、システムから自動で配信されるメールのことです。「パスワードリセットのお知らせ」、「今月の領収書です」といった件名のトランザクションメールの場合は、コンテンツに重要な用件が記載されており、中身を確認する必要があるため開封率が高くなります。

　一方で、「登録を受け付けました」、「商品を発送しました」などの件名のトランザクションメールの場合は、メールの中身を見ないでも用件が伝わってしまうため、開封する必要がなく、低い開封率となります。

　そして、「メルマガ登録を受け付けました」という件名は後者のパターンであるため、このままでは開封されなくなってしまうのです。「（顧客名）さんへありがとうの気持ちを込めたメールです」「初回特典をお受け取りください！」などのように、**中身に興味を持ってもらえるように工夫した件名を付ける**ようにしましょう。

　ウェルカムメールのレイアウトについては、**通常のメルマガのようにファーストビューにクリッカブルなCTAを置くなどと言った定石にこだわる必要はありません。**

　それよりも**自分たちが何者なのか、顧客にどんなメリットを与えられるのか、自己紹介する**場だと思ってコンテンツを作りましょう。

　例えば、クラウドファンディングサービスを運営するIndiegogo社のウェルカムメール（図4-3）は、自社のサービスでできることを箇条書きで紹介し、プロフィールに自分の興味・関心を登録するように求めています。

　また、ホストが掲載した宿泊先を検索・予約できるAirbnb社のウェルカムメール（図4-4）では、人気のアメニティ・設備を有する宿泊先などを検索するよう勧めています。

Welcome to the Indiegogo Community!

2022/08/22 14:45

INDIEGOGO

Welcome to the Indiegogo Community - we're glad to have you! As a member of our Community, you now have access to the latest product ideas, cool projects, and inspiring stories.

When you contribute to Indiegogo campaigns, you're empowering a diverse set of companies to thrive by being a part of their entrepreneurial journey.

You're also joining more than 10 million backers worldwide to:

- Discover campaigns based on your interest ▨
- Follow campaigns for latest updates ▨
- Join discussions about your favorite campaigns ▨

As a special welcome for you, we've outlined everything you need for evaluating and backing projects.

START EXPLORING

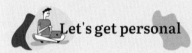
Let's get personal

Whatever your interests, there's an Indiegogo community for you. Now you can find even more projects that are interesting to you. Just select your interests in your Indiegogo profile.

Try it out — **Add your interests »**

We hope that you are as excited to be a part of this community as we are to have you!

■ 図 4-3　Indiegogo 社のウェルカムメール

Airbnbへようこそ！ ☆

2024/06/26 水曜日 16:35

心躍る
無限の可能性

安藤さん、Airbnbへようこそ。Airbnbでは、個室からまるまる貸切のおうちまで、**220以上の国と地域**の**100,000もの都市や町**にある、**700万件以上の宿泊先**からお好みのものを検索・予約できます。

アイディアを得る

人気のアメニティ・設備を
検索しよう

100以上の絞り込み条件を使って、プールや露天風呂・ジャグジーなどのアメニティ・設備を備えた、グループ旅行にぴったりの宿泊先を検索できます。

今すぐ検索

■ 図 4-4　Airbnb 社のウェルカムメール

　メールのコンテンツだけでは伝えきれない場合は、ホワイトペーパーなどを添付してもよいですし、Webサイトへ誘導してもよいでしょう。

　ウェルカムメールは、通常のメルマガとは違い何度も配信できません。成果はこの1通にかかっていますので、多少コストをかけてでも効果的なメールになるよう、件名やレイアウト、コンテンツにはこだわるようにしましょう。

　ウェルカムメールの配信タイミングは、メルマガ登録後すぐに送るのが重要です。顧客が登録してから時間を空けて配信すると顧客に忘れられてしまいますので、登録後はシステムから即座に送られるようにしましょう。

　登録完了画面もウェルカムメールも、あなたと顧客との長期的な関係性づくりに大いに役立つ仕組みですので、しっかりと活用しましょう。

ポイント

- メルマガに対しての顧客の期待が一番高まっているタイミングは登録直後
- 登録完了画面は、サポートページの紹介や割引クーポンの提示など、ネクストステップの場として活用する
- ウェルカムメールの平均的な開封率は60%を超える
- ウェルカムメールの件名は定型的なものにせず、興味を持ってもらえるよう工夫する
- ウェルカムメールは通常の定石にこだわらずにコンテンツを作る
- 登録完了画面もウェルカムメールも、一度設定すればずっと使えるので多少のコストをかけてでもよいものを作る

Win-backメールで
顧客との関係を再構築

Win-back（ウィンバック）メールとは、**非アクティブになってしまった顧客を再び呼び戻すためのメール**のことです。

よく知られている「かご落ちメール」も広い意味ではWin-backメールの一種です。

4-4-1. かご落ちメール

かご落ちメールは、ECサイトで商品をかご（カート）に入れたけれど、購入せずにそのまま放置しているユーザーに対し、再度購入を促すメールのことです。かご落ちメールには、大きく分けて3つの種類があります。

■ 1.リマインダーメール

かごに入れたまま数時間購入の手続きをしない顧客に向けて「お買い忘れではありませんか？」と声掛けをします。

■ 2.フォローアップメール

かごを入れてから数日経過しても購入の手続きをしない顧客に向けて「もうすぐセールが終了します」、「在庫はあと〇点です」といった声掛けをします。

■ 3.プロモーションメール

かごに入れて購入しなかった商品が値下げした場合に、「以前に検討していた商品が値下げしました」とお知らせします。

　イギリスの SaleCycle 社の調査「The Remarketing Report 2016 Q4」[4] によると、EC サイトを利用する人の実に約77%もの人が、商品をかごに入れたまま購入せずに放置しているそうです。少し古いデータですが、この傾向は現在でも続いています。

　そして、かご落ちメールをクリックした人のうち、約28%は購入に繋がっているとのことですので、配信しない手はないでしょう。

　なお、これらのかご落ちメールを配信するためには、ショッピングカートシステムの機能を利用するか、メール配信ツールとの連携が必要になりますので、実施したい場合はまずは自社が利用しているカートシステムのベンダーへ確認しましょう。

4-4-2. リエンゲージメントグループに Win-backメールを配信する

　日本でもっともよく見る Win-back メールはかご落ちメールですが、本来の Win-back メールの役割は、**メルマガ登録後非アクティブになりつつある購読者を、再度アクティブな購読者として振り向かせる**ものです。

　この種類の Win-back メールは日本ではあまり見ないのですが、海外では BtoB、BtoC を問わずメルマガ配信企業の多くが取り組んでいます。

　2-5 で解説したように、非アクティブになってしまった購読者をリストに残し続けることは開封率が低下するだけではなく、メールクライアントから購読解除を提案されてしまうなど良いことがありません。

　そのため非アクティブな購読者は、一定のルールに基づき通常のメルマガグループからリエンゲージメントグループへと隔離するのですが、隔離＝除外ではありません。態度変容が期待できるグループに悪い影響を与えないために隔離するのです。

....

4）　https://d34w0339mx0ifp.cloudfront.net/global/downloads/ig/2016-The-SaleCycle-Remarketing-Report-Q4.pdf

2-5では、週2回配信している企業であれば、反応がなくなってから3カ月で「要注意」と判定し、半年でリエンゲージメントグループへ隔離するのが一般的であると説明しました。

　そしてWin-backメールもこの「要注意」と「隔離」のそれぞれのタイミングに合わせて配信します。

　まず、要注意のタイミングで配信するWin-backメールを紹介します。

　すでに反応がなくなってしまった購読者に配信するのですから、通常のメルマガとは異なる件名でのアプローチが必要となります。

　海外のWin-backメールでは「Hello！」や「I miss you」といった感じの短いけれども目を引く件名を付けて送ることも多いのですが、このようなくだけた感じの件名は日本ではあまり受け入れられないでしょう。

　件名については、「初期費用無料」や「無料アップグレード」といったインセンティブを提示したり、「＜購読者の名前＞さんへのお知らせです」といったように、顧客の名前を含めたりする工夫が有効です。

　購入した商品についてのサポート情報を提供するとか、サービスへのフィードバックを求めるのも良いでしょう。4-5で紹介する「バースデーメール」もWin-backメールとして活用できます。

　BtoB企業では、「＜購読者の名前＞さんが所属する業界での他社事例です」といったように、導入事例やホワイトペーパーなどのリードマグネットを使用する手もあります。

「要注意」の段階で配信するWin-backメールにも無反応な場合、一定期間の経過後「リエンゲージメントグループ」へ隔離します。

　この際に配信するWin-backメールは「要注意」と大きく変わらないのですが、選択肢として、あえて購読解除を提案する手もあります。

　もうメルマガに反応することもなく、態度変容を起こす可能性がないのであれば、リストから去ってもらうことでメンテナンスなどのコストを削減できるからです。

　その際には、ただ購読解除を案内するのではなく、顧客を引きつける最後のチャンスであることを忘れてはいけません。商品の割引であったり、特別なサービスであったりと魅力的なオファーを行いましょう。

　新規の顧客を獲得するコストは既存のお客さんを維持する5倍のコストがかかるとも言われています[5]。せっかくメルマガにオプトインしてもらったのですから、なるべく通常のリストに回帰してもらえるようWin-backメールをしっかりと活用しましょう。

ポイント

- Win-backメールとは、非アクティブになってしまった購読者を再び呼び戻すためのメール
- かご落ちメールもWin-backメールの一種
- 週2回配信している企業であれば、反応がなくなってから3カ月経過したら要注意。1通目のWin-backメールの配信タイミング
- Win-backメールではインセンティブや特別なオファーを提示するのも手
- 反応がなくなってから6カ月目で「リエンゲージメントグループ」へ隔離する
- リエンゲージメントグループへの隔離時に2通目のWin-backメールを配信する
- 態度変容を起こす可能性がないのであれば、あえて購読解除を提案し、リストから去ってもらうことでメンテナンスなどのコストを削減できる

---

5)　https://www.forbes.com/sites/jiawertz/2018/09/12/dont-spend-5-times-more-attracting-new-customers-nurture-the-existing-ones/

ステップメールの活用法とつくり方

ステップメールとは、特定のタイミングを起点としてあらかじめ設定したスケジュールに沿ってメールを順次自動で送るメールマーケティングの手法です。

例えば、商品を購入した日を起点とし、翌日にお礼のメールを送り、3日後に不具合が発生していないか尋ね、7日後にはレビューを依頼するといった、顧客をフォローする一連のシナリオを考えたとします。

これを手動で行おうとするととても大変ですが、メール配信ツールでステップメールとして登録をしておくことでこの作業を自動化できます。

ステップメールは、顧客フォローだけでなく様々な目的で活用が可能です。以下でいくつかご紹介します。

4-5-1. 顧客フォローとしてのステップメール

ステップメールの利用方法としてもっとも一般的なのが、例に挙げた商品購入後の顧客フォローでの利用です。

この場合、ステップメールの起点に設定するのは「購入日」になります。例えば、以下のようなステップを組むことができます。

	配信タイミング	件名例	内容例
1通目	購入当日	購入ありがとうございました	お礼と設定方法の案内
2通目	1週間後	その後も快適にご利用いただけていますか?	便利な利用方法の案内
3通目	2週間後	気に入っていただけた場合、レビューをお願いします	レビューへの誘導

表 4-4 顧客フォローを目的としたステップメールの配信例

　このように購入後の商品に不具合がないかを尋ねたり、商品の便利な利用方法を案内したり、顧客満足度を向上させるための施策として活用できます。

　また、購入した商品の設定方法や日頃のメンテナンス方法など、問い合わせの多い内容を案内することで、あらかじめ疑問を解消し問い合わせを減らすことも期待できます。

4-5-2. 購入を促すステップメール

　ウォーターサーバーや化粧品など定期購入が基本となる商品を扱っている場合も、ステップメールを活用することで継続購入を促すことができます。

　これらの商品は平均的な使用量や購入頻度から、次回の購入が必要な時期を推定することが可能ですので、「購入日」を起点として手元の商品を使い切る前に次回の購入の案内（単発で試用している場合は、定期購入への切り替えの案内）を行います。

	配信タイミング	件名例	内容例
1通目	購入当日	購入ありがとうございました	お礼と便利な利用方法の案内
2通目	次回購入日1カ月前	定期購入のタイミングです	次回購入の案内
3通目	次回購入日1週間前	定期購入のタイミングです	次回購入の案内
4通目	次回購入日以降	お買い忘れではありませんか?	購入タイミングを過ぎた人へリマインド

■ 表 4-5　継続購入を促すステップメールの配信例

　BtoB企業であっても、潤滑油やゴムパッキン、浄水器など消耗品を扱っている企業の場合は、同じようにステップメールを活用することで

安定的な受注機会を作り出すことが可能です。

　このようなケースで使用する場合は、顧客が購入アクションを行ったらステップメールを停止するようにしましょう。

　購入を終えているのにもかかわらず何度も購入を促すメールが来てしまうと顧客満足度が低下する可能性もあります。

4-5-3. リマインダーとしてのステップメール

　また、ステップメールを利用して顧客へスケジュールをリマインドし、参加率を向上させることができます。

　例えば、セミナーやイベントなどを行う場合、「開催日」を起点としてその前の日付にステップメールをセットするのです。

	配信タイミング	件名例	内容例
1通目	申し込み当日	セミナー申し込みありがとうございました	お礼と案内
2通目	セミナー開催1週間前	セミナー参加URLです	参加URLの案内
3通目	セミナー開催1日前	明日のセミナーは〇時からです	セミナー内容のリマインド
4通目	セミナー開催当日の朝	本日のセミナー参加をお待ちしています	セミナー内容のリマインド

■ 表 4-6　リマインダーとしてのステップメールの配信例

　開催日が近づくにつれて配信頻度を高めていきます。開催日当日も送付することを忘れないようにしましょう。

4-5-4. バースデーメール

　BtoC企業では、顧客の誕生日にあわせて特別なオファーを提供するバースデーメールを送ることがありますが、これも1通だけではなく、

「誕生日」を起点としたステップメールを送ることができます。

　この場合、リマインダーのステップメールと同じように、誕生日が近づくにつれて配信頻度を高めます。1回きりのクーポンを提供する場合は、顧客が使用したらステップメールを停止するよう、顧客データと紐づけておきます。

	配信タイミング	件名例	内容例
1通目	誕生月前月	来月はお誕生日ですね	クーポンなどの案内
2通目	誕生月の1日	誕生月おめでとうございます！	クーポンなどの案内
3通目	誕生日当日	誕生日おめでとうございます！	クーポンなどの案内

■ 表 4-7　バースデーメールの配信例

　なお、バースデーメールは4-4で解説したWin-backメールとしても有効です。一度離れてしまった顧客にオファーを行い、再度関心を呼び戻しましょう。

4-5-5. ナーチャリングのためのステップメール

　BtoB企業でもっとも期待されるのは、ナーチャリング（育成）としてのステップメールの活用です。複数回にわたるステップメールで見込み顧客の気持ちを育成し、申し込みや資料請求などのアクションにつなげるのです。

　しかし、特に顧客の**購買を目的としている場合、BtoBではナーチャリングとしてのステップメールはうまく機能しない**ケースが多いです。

　配信元は、「顧客はすべてのメールを見てくれている」という前提でシナリオを作成しますが、実際にはステップメールの1通目から最後ま

で読む顧客はほとんど存在しません。

　1通目のメールで検討状況をうかがい、2通目で課題を明確にし、3通目でサービスを紹介し、4通目で問い合わせに繋げる……。そんなシナリオを思い描いたとしても、残念ながらその通りには行かないのです。これは、シナリオの出来の良し悪しの話ではありません。

　4-2で説明したように、そもそもメールの閲覧は、以下の4条件がそろって初めて発生するイベントです。

1 メールを見る時間ができた
2 メールボックスを開いたときにメールの一覧画面に存在した
3 差出人名（Fromアドレス）が知っているところからだった
4 件名（タイトル）に興味をひかれた

　この4条件に当てはまらなければ、シナリオの1回目のメールですら読まれていない可能性も十分にあるのです。

　仮にすべてのメールが読まれていたとしても、そもそもメールのコンテンツを順番に読ませただけで顧客の気持ちを徐々に高めていくことができるというのは、幻想です。

　購買が自身の意思だけで決定できるBtoCの商材と異なり、比較的高単価なBtoBの製品は決裁者の人数も多く、検討は長期にわたるのが一般的です。

　わずか数通のメールで顧客の気持ちを高めていくことはほぼ不可能ですし、だからと言って長期にわたったシナリオを考えて組むことも非効率です。

　私見では、よほどの例外を除きBtoB企業では購買を目的としたステップメールはうまく機能しないため、安易に手を出すべきではありません。なお、購入後の顧客フォローなどの目的であれば、ステップメールを活用できます。

4-5-6. ステップメールの正しいつくり方

前項で、ステップメールを1通目から最後まで読む顧客はほとんど存在しないとお伝えしました。顧客が1通目と3通目のメールは見たけれども2通目を飛ばしてしまったといった場合、話が通じなくなってしまうおそれがあります。

サポート情報を提供している場合など、見逃すことで顧客側に不利益が生じるときは、顧客自身が見逃した過去のメールを探そうとすることがあります。

そのため、ステップメールを作るときは、メルマガのバックナンバー機能の利用やWebサイトへの誘導により「1つ前のコンテンツを見ることができる」つくりにすることで、見逃した顧客にも対応します。

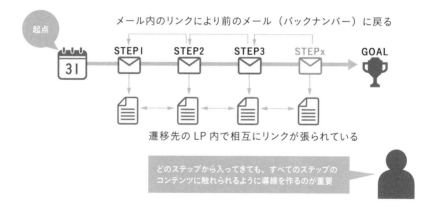

■ 図 4-5　どのステップから入ったとしても、すべてのコンテンツにアクセスできる

図のように、顧客がどのステップから入ったとしても、すべてのコンテンツにアクセスできる導線を用意します。

ステップメールでも、メールの件名やコンテンツの作りは通常のメルマガとほぼ同じです。ただし、コンテンツの上部もしくは下部に「1つ

前のコンテンツへのリンク」を作るとよいでしょう。

　1つのシナリオにおいて送信するメールの通数は、まずは3〜5通程度が目安です。あまり多くのメールを作ってしまうと、運用途中で作り直しが発生したときに大変手間がかかります。

ポイント

- ステップメールは「顧客フォロー」や「購入促進」、「リマインダー」などの活用ができる
- ステップメールはCRMなど顧客データベースと連携を行い、顧客側のアクションが発生したら以降のメールの配信は停止する
- BtoB企業の場合、購買を目的とした顧客ナーチャリングの手段としてはワークしにくい
- 顧客がどのステップから入ったとしても、すべてのコンテンツにアクセスできる導線を用意する
- 見直しが大変になるため、あまり長いシナリオを作らない

4-6

シナリオメールで
セグメント配信を自動化

シナリオメールとは、配信したメールに対する顧客の反応（開封やク

リック）**によってその後に配信されるメールを変更する手法です。** トリ

ガーメールとも呼ばれています。

4-6-1. クリックに応じたシナリオメール

中学受験を目指す子供を対象とした学習塾のメルマガを例にご説明し

ます。

この学習塾では、無料の全国模試を開催しており、その模試を受験し

た家庭に向けて、夏期講習への申し込みを促すシナリオメールを組むこ

ととしました。

まず、1通目のメールのコンテンツでは全国模試受験のお礼とともに、

Webサイトに掲載してある中学受験についてのコラムのURLを案内し

ます。

そして、顧客がこのコラムへのリンクをクリックしたかどうかがシナ

リオの分岐点になります。

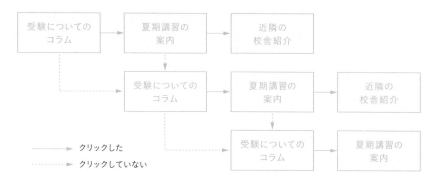

■ 図 4-6　学習塾のメルマガにおけるシナリオメールの例

1週間後に配信される2通目のメールでは、1通目のコラムへのリンクをクリックした人には続けて夏期講習の案内を、リンクをクリックしなかった人にはまた別の受験コラムを案内します。

　そして3通目のメールでは、2通目の夏期講習の案内をクリックした人には近隣の校舎紹介ページを案内し、クリックしなかった人には1通目でクリックしなかった人に配信されたシナリオが配信されます。

　このように、**顧客のメールコンテンツに対する反応によってシナリオを分岐させていくことで、目的を達成する**のがシナリオメールです。この例の場合、目的は「夏期講習の申し込み」になります。

　4-5でステップメールについて説明した際、「メールのコンテンツを順番に読ませただけで顧客の気持ちを徐々に高めていくことができるというのは、幻想」であると述べましたが、シナリオメールも顧客の気持ちを高めるために使うものではありません。

　興味・関心がある方向に徐々に絞り込んで配信をしていくための仕組みであり、**セグメント配信を自動化するもの**と考えた方がイメージは近いです。

　なお、シナリオを分岐させるためのトリガーは、メールに対するアクションを利用するなら「開封」もしくは「クリック」を起点とします。

　ただ、1-2でも解説しましたが「開封」は信頼度の低いデータですので、シナリオの起点として使うのはあまりおすすめできません。そのため、基本的には「クリック」を起点としてシナリオを組むことをおすすめします。

4-6-2. Webサイトを起点としたシナリオメール

　MAツールなどを利用している場合は、**Webサイトへの訪問やWebサイト上でのアクション（コンバージョンなど）を起点とすることで、より高度なシナリオを組むことができます。**

　Webサイトでの反応をトリガーとする場合は、対象者のメールアドレスを事前に取得していることと、対象者のブラウザにCookie（クッ

キー）を付与しておくことが必要になります。

　メールアドレスとCookieを紐づけるためには、メールアドレスを入力する画面でCookieを付与するか、メルマガ内のコンテンツをクリックした先のランディングページでCookieを付与するか、いずれかの処理が必要になります。

　前者の例として、資料請求フォームや申し込みフォームでCookieを付与することが広く行われていますが、より多くのCookieを付与したいのであれば、メルマガの登録フォームのように入力ハードルが低い画面を利用することがおすすめです。

　では、Webサイトをトリガーの起点としたシナリオメールの考え方についても解説します。

　Webサイトには、「サービス紹介」や「導入事例」、「料金表」などさまざまなページがありますが、ユーザーのニーズによって閲覧するページは異なります。

　例えば、「サービス紹介」だけを見た人は「このサービスを導入することで、どんなことができるようになるのだろう」といった情報を求めており、まだ情報収集段階である可能性が高いと推測できます。

　一方で「料金表」まで見た人はすでに課題が顕在化しており、他社との比較や社内稟議などのために費用感を知りたいのかもしれません。

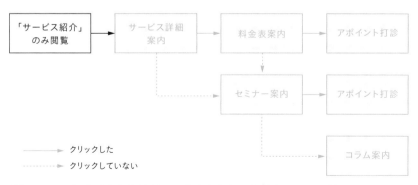

■ 図4-7　Webサイトをトリガーの起点としたシナリオメールの例

このように**ニーズが異なる顧客に対して、それぞれのページの内容に即したメールをシナリオメールとして設定する**ことで、実際に見込みのある顧客なのかどうか絞り込むのです。

Webサイトを起点とする場合は、Webサイトへの訪問回数をトリガーとすることもできます。前回訪問時から短期間で何度も訪問をしている場合、もしくは久しぶりに再度訪問をしてきた場合は、初回訪問より温度感が高い可能性がありますので、そうした顧客に向けてセールスメールを配信するのも効果的です。

このようにWebサイトを起点として、状況に応じたコンテンツのメールを配信することでより成功の可能性を高めることができます。

なお、シナリオを組む際の注意点なのですが、組んだシナリオが想定通り機能していない場合は見直しを行う必要があります。

そのため、1つのシナリオのステップ（起点から分岐に至るまで）は2〜3通くらいまでにし、あまり複雑なステップを作らないようにしましょう。

ポイント

- シナリオメールは、配信したメールに対する顧客の反応（開封やクリック）によってその後に配信されるメールを変更する手法
- 興味・関心がある方向に徐々に絞り込んで配信をしていくための仕組みであり、セグメント配信を自動化するイメージ
- シナリオを分岐させるためのトリガーは、「クリック」を起点とするのがおすすめ
- MAツールなどを利用している場合は、Webサイトへの訪問やWebサイト上でのアクション（コンバージョンなど）も起点とすることができる
- 1つのシナリオのステップ（起点から分岐に至るまで）は2〜3通くらいまでにし、あまり複雑なステップは作らない

コラム

Cookie とプライバシー

Cookie（クッキー）とは、**Web サイトを閲覧したときにブラウザに保存される、閲覧者の情報を記録したファイル**のことです。このファイルには閲覧者の ID や閲覧情報などが記録されています。

この Cookie によって、私たちはいろいろな恩恵を受けています。もし Cookie の仕組みがなければ、Web サイトや SNS などをブラウザで開くたびに ID とパスワードの入力が必要になります。

また、ネットショップで買い物かごに商品を入れてブラウザを閉じてしまった場合、次に訪問したときはまた一から商品を探さなければいけなくなります。

このようにとても便利な Cookie ですが、一方で最近ではプライバシーの侵害が問題になっており、Cookie を取得する際は同意を取るためのポップアップを出す Web サイトも増えてきました。

Cookie には、訪問先でしか機能しない「ファーストパーティーCookie」と、他の Web サイトでも利用される「サードパーティーCookie」の 2 種類があります。

後者はプライバシーに関する懸念が大きいため、多くのブラウザでサポートされなくなりつつあり、将来的にはすべてのブラウザで利用できなくなるでしょう。実際に Google のブラウザである Chrome ではサードパーティーCookie を無効化する対応を進めています[6]。

この流れを受けて、ほとんどの MA ツールは「ファーストパーティーCookie」へと移行していますが、こちらも今後規制がなさ

---

6) https://cloud.google.com/looker/docs/best-practices/chrome-third-party-cookie-deprecation?hl=ja

れる可能性があります。

　実際にAppleのブラウザであるSafariでは、ファーストパーティーCookieの情報の保持期間は、2017年には無制限だったものが、2019年には一部を除き24時間へと短縮されました[7]。

　広告関連やMAツールを提供している企業など、さまざまな企業・団体がCookieの代替となる技術の研究を進めていますが、どのような帰結になるかはまだ不明です。このような技術的な動向も気にかけるようにしましょう。

7)　https://service.aainc.co.jp/product/letro/article/what-is-cookie

第 **5** 章

振り返りとテクニックで成果を最大化する

本章では、第1章で紹介した各指標を使った振り返りと、顧客とのエンゲージメントの計測について解説します。振り返りで得られた結果をもとにA/Bテストを実施して数値を改善する手法や、営業担当との連携などでより成果を高める方法もご紹介します。

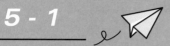

5-1

指標を使って振り返りを行う

　ここまで、メールマーケティングの成果を決める3要素である「リストの質」「コンテンツ」「配信タイミング」について順を追って説明しました。

　本章では、実際にメールマーケティングを運用しているとき、どのように振り返りを行えば、成果を最大化できるのか解説します。

　最初に確認すべきなのは、自社の数値がベンチマークとする各種基準値をクリアしているかどうかです。

指標	計算式	基準
不達率 （Bounce Rate）	エラーアドレス数 / 配信リスト数＊100	5%未満
開封率 （Open Rate）	開封数 / 配信成功数 ＊ 100	15%以上
クリック率 （CTR）	クリック数 / 配信成功数 ＊ 100	1%以上
反応率 （CTOR）	クリック数 / 開封数 ＊ 100	5%以上
購読解除率 （Unsubscribe Rate）	購読解除数 / 配信成功数 ＊ 100	0.25%未満

表 5-1　各指標の基準（表 1-3 再掲）

　なお、配信リストの数が少ないうちは、基準値との比較を厳格に行う必要はありません。

　例えば配信リスト数が100件の場合、クリックされた数が1件なのか2件なのかでクリック率は大きく変わってしまいます。配信先が少数の

場合、「数」と「割合」の両方の数値を見て振り返りを行うかどうかを判断しなければなりません。

　一般的な企業の場合、BtoB・BtoCにかかわらず、配信リスト数が2,000件を超えるくらいの規模から、しっかりと振り返りを行うようにします。

　それぞれの数値が基準値を満たしていない場合の対策については、1-2、2-4を参照してください。

　さて、振り返りのタイミングですが、1回ごとに振り返った方がいい指標と、複数回の結果をもとに振り返る指標の2種類があります。

5-1-1. 1回ごとに振り返った方がいい指標

■ 不達率

　そのリストに対して初めて配信したとき以外で、基準値を超えてしまっている場合、配信リストが適切にメンテナンスされていない可能性があります。2-4を参照し、きちんとメンテナンスを実施しましょう。

　なお、メンテナンスが適切に行われているにもかかわらず基準値を超えている場合、迷惑メールとして判定されている可能性があります。その場合は6-1を確認し、対策を行いましょう。

■ 購読解除率

　購読解除率が突然基準値を超えてしまった場合、顧客が求めている情報と配信したコンテンツに乖離があったと考えられます。顧客が求めている情報を今一度想定し、購読解除率が上がってしまったときと同じようなコンテンツの配信は避けるようにしましょう。

5-1-2. 複数回の結果をもとに振り返る指標

- 開封率
- クリック率

● 反応率

　これらの指標は、配信タイミングなどの影響により上下することが一般的ですので、配信ごとの毎回の振り返りは不要でしょう。

　1カ月に1回など定期的に振り返る場を設け、そこで振り返りや対策を行うようにしましょう。

5-1-3.「指標振り返りシート」を活用しよう

　指標を振り返る際は、各種数値を時系列でまとめるようにします。多くのメール配信システムにはレポーティング機能がありますが、保存期間に制限がある場合や、他システムへの乗り換え後の参考データとする場合を想定して、適宜レポートをダウンロードして手元で保存しておくことをおすすめします。

　振り返りに使うスプレッドシートには、「配信日時」、「配信グループ」、「配信件名」、「不達率/数」、「開封率/数」、「クリック率/数」、「反応率/数」、「購読解除率/数」、「CV率/数」と、それぞれの基準値に対する判定結果を記録するとよいでしょう。

　本書では読者特典として「**メールマーケティング指標振り返りシート**」をご用意しておりますので、こちらをぜひご活用ください（ダウンロードの方法はp.228参照）。

　自社で立てた目標と比較し、下回っている場合にどの変数に手を入れるのがもっとも効果的なのかを見極める必要があります。

　しかし、開封率やクリック率などは配信をし続けるうちにある程度の数値に落ち着いてくるのが一般的です。特に平均的な基準値を上回っている場合、それをさらに向上させることは非常に困難です。

　そのような場合は、配信頻度を上げることで対策をするか、もしくはメールマーケティング以外の手段を検討するようにしましょう。

5-2

エンゲージメントの計測

5-2-1. 顧客との関係性をどう測るか

メルマガの配信目的として「発行元企業と顧客とのエンゲージメントを高める」ということがよく言われます。

エンゲージメントとは、そもそも「婚約」や「誓約」などを意味する英単語なのですが、ビジネスにおいてはしばしば「相手との距離感」や「相手との関係性」といった意味合いで使われています。

この場合の「相手」とは、「顧客（消費者）」の場合もありますし、「従業員」などの場合もありますが、メールマーケティングにおいては、対象は顧客になります。

つまり、「顧客エンゲージメントを高めよう」というのは、「顧客との関係性を強化しよう、距離感を縮めよう」という話であり、**何をもって顧客との関係性が強化できたとするかは、メールマーケティングを実施している各企業で考える必要がある**のです。

それでは、メールマーケティングの成果として、顧客との関係性が強化されたのかどうか、エンゲージメントを計測するとしたらどのような指標を使うべきでしょうか。

まず考えられるのは、「メルマガ購読者の増加数」です。

Webサイトの導線や見せ方を工夫することによって、メルマガの購読者を増やすことは、企業と顧客の関係性を築いていくための第1歩と言えるでしょう。

実際に、メールマーケティングへの取り組みに本腰を入れる際に、この「メルマガ購読者の増加数」を担当者の目標として設定する企業もあります。

しかし、ここまで本書を読んでいただいた方なら理解いただけると思います。ますが、購読者数の増加は必ずしも成果につながるものではありません。

　購読者数が目標になると、なんとしてでも購読者を増やそうと、徐々にターゲット外の顧客までリストに入れてしまい、増加のわりに成果に繋がらないなんてことになりがちです。

　そのため、新規に増えるメルマガ購読者の質が一定であることが担保できない場合は、リスト数を目標とすることはおすすめしませんし、エンゲージメントを測る指標としては不適切であると考えます。

　この考え方はその他のメールマーケティングの指標にも当てはまります。メールマーケティングで見るべき指標については、1-2で説明した以下の5つの指標があります。

　このそれぞれの指標についても、ある指標をもってしてエンゲージメントの変化を説明するのは難しいのです。

不達率	リストのうち、相手のメールボックスへ正常に届かなかった割合
開封率	配信に成功したリストのうち、顧客によってメールが開封された割合
クリック率	配信に成功したリストのうち、メールのコンテンツ内のリンクがクリックされた割合
反応率	開封されたメールのうち、コンテンツ内のリンクがクリックされた割合
購読解除率	正常に相手のメールボックスに届いたリスト全体のうち、顧客がメルマガの購読を解除した割合

■ 表 5-2　各指標の定義

　次に、「最終的な成果」はどうでしょうか。

　最終的な成果とは、申し込みや資料請求・商品購入などといった「メルマガを配信する目的」に当たるものです。

　最終的な成果が以前と比較して大きくなった場合、過去と比較して顧

客とのエンゲージメントが高まった結果であると言えるかもしれません。しかし、もう1つの見方としては、最近リストに追加された顧客に温度感が高い人が多く、それらの人が反応しただけという可能性もあります。

5-2-2. エンゲージメントは2つ以上の指標で計測

では何をもってエンゲージメントを計測すべきなのでしょうか。私は、**エンゲージメントは2つ以上の指標を組み合わせて計測する**ことをおすすめします。

組み合わせに使用する指標についてはいくつかのパターンが考えられますが、**購読解除率は必ず入れる**べきです。

なぜなら購読解除率は、メールマーケティングの成果を決める3要素のうちの「リストの質」と「コンテンツ」の2つの要素に関係しているからです。

前述したように、配信リストの数を増やすことに意識が集中してしまうと、態度変容を起こす可能性のないターゲット外の顧客までリストに入れてしまうことは往々にして起こりえます。

その際にまず動きがある数値が「購読解除率」です。ターゲット外の顧客が多くなるほど購読解除率は上昇するため、企業と顧客の距離感を測る指標として利用できます。

また、企業が配信するメルマガのコンテンツが、それを受け取る顧客が期待するそれではなかった場合にも「購読解除率」は変動します。顧客の期待と異なるコンテンツを配信すれば、購読解除率は上昇するのです。

つまり、購読解除率が上がるということは、企業と顧客との関係性がうまくいっていない証拠なのです。

ただし、購読解除率だけでエンゲージメントを説明することはやはりできません。顧客がもっとも購読解除するタイミングは1通目のメール

であり、その段階ではエンゲージメントは形成されていないからです。

　購読解除率と組み合わせるべきもう1つの指標として考えられるものは、クリック率やCV率になります。

　繰り返しになりますが、開封率は信頼度が高い数値ではないため、指標として利用するには不適当です。読み物として提供することが目的で、CTAがないコンテンツの場合は仕方ありませんが、それ以外のケースでは使用しないようにしましょう。

　メール配信システムで計測できる数値以外の指標を使用して、メールマーケティングのエンゲージメントレートを計測することも可能です。

　例えばCRM内に保持している「売上高」や「リストに登録されたきっかけとなったチャネル（問い合わせや展示会など）」と、メールの配信結果であるクリック率や購読解除率を組み合わせることで、エンゲージメントを計測することができます。

　実際にあるネットショップでは、Googleアナリティクス上で計測できる「メール経由の売上高」とメール配信システムに登録されている「リスト数」を組み合わせて管理することで、メールの貢献度をエンゲージメントレートとして記録していました。

年度	メール経由の売上高 （円）	リスト数 （件）	リスト1件当たりの収益 （円）
2019	121,150,000	7,637	15,864
2020	157,149,000	9,035	17,393
2021	167,621,000	8,229	20,370
2022	157,053,300	9,716	16,164
2023	226,249,000	9,923	22,800

■ 表 5-3　リスト 1 件当たりの収益例（年度別）

　この例では、リスト1件当たりの収益を過去と比較した際の増減を
もってして、顧客との関係性が強化できているのかどうかを判断してい
ます。

　また、あるBtoB企業では、顧客が配信リストに登録されたチャネル
（リードソース）を記録しており、そのチャネルごとの購読解除率を計測す
ることで、どのチャネルが顧客との関係性が作りやすいのか、または問
題があるのかということを判断していました。

チャネル	購読解除率
資料請求	0.13%
ブログ	0.22%
展示会	0.32%
セミナー	0.14%
紹介	0.02%

■ 表5-4　チャネル別の購読解除率の例

　このように複数の数値を組み合わせることで、より適切に顧客エン
ゲージメントを計測することができるのです。

ポイント

- 何をもって顧客との関係性が強化できたのかとするのかは、
  メールマーケティングを実施している各企業が考える必要があ
  る
- エンゲージメントは2つ以上の指標を組み合わせて計測する
- CRMなどが持つ数値を組み合わせることで、顧客エンゲージ
  メントを計測することができる

A/Bテストで方向性を定める

A/Bテストとは、同じ目的で表現が異なる2種類のクリエイティブを作成し、どちらがより成果につながったかを計測することで施策の改善につなげる手法です。

デジタルマーケティングの施策としてとてもよく行われているのですが、メールマーケティングにおいても広く利用されています。下記にメールマーケティングにおけるA/Bテストの例を示します。

5-3-1. メールマーケティングでのA/Bテストの実施例

■ 差出人名(Fromアドレス)のA/Bテスト

- 「企業名」で出すか「サービス名」で出すか
- 「サービス名」で出すか「営業担当者の名前」で出すか
  →開封率がより高かった方をWinバージョン（勝利バージョン）として採用します

■ 件名のA/Bテスト

- 件名に顧客の氏名を入れるか入れないか
- 件名に【】や★といった記号を使用するかしないか
- 件名に【無料】や【今だけ】などの煽り文句を入れるか入れないか
  →開封率がより高かった方をWinバージョン（勝利バージョン）として採用します

■ コンテンツのA/Bテスト

- アイキャッチ画像を入れるか入れないか

- ボタンの色は暖色が良いのか、寒色が良いのか
- 長文のコンテンツで顧客を説得するか、シンプルなコンテンツでランディングページへ素早く遷移させるか
- CTA に記載するマイクロコピーは「クリックする」「無料で相談する」のどちらが良いのか
  →クリック率がより高かった方を Win バージョン（勝利バージョン）として採用します

A/B テストは、結果を踏まえて自社のメールマーケティングの方向性を定めるのにとても役に立つのですが、実施に当たってはいくつか注意することがあります。

5-3-2. 仮説を立てて検証を行う

A/B テストを実施する際は、まず仮説を立ててからテストを行う必要があります。

例えば、「うちは会社名よりもサービス名の方が有名なので、差出人名はサービス名にしてみよう」といった仮説がある場合に、その裏付けとして A/B テストを行うのです。

何の仮説もなく A/B テストを実施したとしても、結果から「何が良かったのか」を導き出すことはできません。

必ず先に仮説を立てて検証を行う必要がありますし、特に仮説がないのであれば貴重な時間を使ってまで A/B テストを実施するべきではありません。

5-3-3. 変化させる箇所は1つずつ

A/B テストを実施する際には、検証するもの（変化させる箇所）は1回のテストで1つに絞る必要があります。

例えば、差出人名と件名を同時に変更してテストを実施してしまう

と、どちらが結果に影響しているのかを判別することができません。

　同じくコンテンツで検証する際も、CTAの色とマイクロコピーを同時に変更してしまうと、影響を区別できなくなってしまいます。

5-3-4. A/Bテストは同時に行う

　A/Bテストを実施する際には、比較する2通のメールを同時に配信する必要があります。

　例えば、件名の異なる2つのメールを、月曜の朝と日曜の夜など別の曜日・時間帯に配信をしてしまうと、条件が変わってくるため正しい結果を得ることができません。月曜の朝に送った件名が優位なように見えても、もともと月曜の朝の方が開封されやすいリストなのかもしれません。

　A/Bテストを実施する際は、リストをランダムに2つに分け、それぞれのパターンを同じタイミングで配信するようにしましょう。

5-3-5. A/Bテストに必要なデータ量

　A/Bテストを実施する際にもっとも問題となるのが「データ量」です。

　10件の宛先にメールを送信した結果をもとに、「Aパターンの方が成果が出たので、今後はこの方針で行こう！」と結論づけるのは危ない、ということはわかると思います。

　それでは、データ量が100件なら十分なのでしょうか？　それとも500件は必要なのでしょうか？

　A/Bテストの結果で「有意に差がある」というためには、正確さを犠牲にした非常に大雑把な数字ですが、比較する母数は合計で400件以上必要であると言われています。

　つまり、開封率の平均が20%の企業が、件名の違いによるA/Bテストを実施しようと思うのであれば、400 / 20% ＝ 2,000件 のリストが必

要であるということになります。

さらにA/Bテストを実施した際に、各パターンの結果にどれくらいの差があったら「有意に差がある」と言えるのかという問題もあります。

少し難しい話になるのですが、この「有意に差がある」と言えるかどうかを調べるためには、「カイ二乗検定」というものを利用します。

Excelなどの表計算ソフトでも簡単に計算できます。本書の読者特典として、表計算ソフトで使える**「カイ二乗検定シート」**を提供していますので、こちらもぜひご利用ください（ダウンロードの方法はp.228参照）。以下では、Excelを利用した算出方法を簡単に説明します。

■ カイ二乗検定のやり方

5,000件の配信リストを持つ企業がリストを2分割し、件名についてA/Bテストを実施した結果が以下であったとします。以下を「実績値の表」と呼びます。

	リスト数	開封数
パターンA	2,500	300
パターンB	2,500	340

■ 表 5-5　A/B テストの結果（実績値の表）

パターンAの開封率は12%、パターンBは13.6%と両者の結果には1.6ptの差がありましたが、果たしてこれはパターンBの方が成果があったと言ってしまって大丈夫なのでしょうか。

これを知るために、「期待値」というものを算出します。期待値を算出するために、まずは実績値の表に「リスト数」と「開封数」の合計を計算する行を追加し、それぞれの開封率を算出します。

197

	リスト数	開封数	開封率
パターンA	2,500	300	12.0%
パターンB	2,500	340	13.6%
合計	5,000	640	12.8%

表 5-6　合計を加え、それぞれの開封率を算出（実績値の表）

　リストは合計で5,000件あり、開封数の合計は640件、開封率は12.8%でした。

　実績値の表をコピーし、「期待値の表」を作成します。それから、実績値の表で得られた合計の開封率（12.8%）をもとに、開封数の期待値を算出します。パターンA、パターンBそれぞれのリスト数に開封率12.8%をかけると、開封数の期待値はそれぞれ320件でした。

	リスト数	開封数（期待値）	開封率
パターンA	2,500	320	12.8%
パターンB	2,500	320	12.8%
合計	5,000	640	12.8%

表 5-7　開封率の期待値から開封数の期待値を計算する（期待値の表）

　こうして、実績値と期待値の2つの表が出来上がりました。

　最後にExcelの「CHISQ.TEST関数」を使用してp値を算出します。

	A	B	C	D
1	**実測値**			
2	開封率	リスト数	開封数	OpenRate
3	パターンA	2,500	300	12.0%
4	パターンB	2,500	340	13.6%
5	**合計**	**5,000**	**640**	**12.8%**
6				
7	**期待値**			
8	開封率	リスト数	開封数	OpenRate
9	パターンA	2,500	320	**12.8%**
10	パターンB	2,500	320	**12.8%**
11	合計	5,000	640	**12.8%**
12				
13	p値	=CHISQ.TEST(B3:C4,B9:C10)		

図 5-1　CHISQ.TEST 関数の使用例

「CHISQ.TEST関数」で実績値の範囲と期待値の範囲の両方を選択すると、p値が算出されます。p値とは、その事象が起こる確率のことです。

この確率が有意水準を下回っていれば、それは「めったに起こらないこと」＝「偶然ではない」ということです。有意水準については、一般的に「0.05」という値が多く使われています。

つまり、

p値 < 0.05 →有意差がある

p値 > 0.05 →有意差があるとは言えない

ということです。

今回の結果はどうでしょうか。

実測値

	リスト数	開封数	開封率
パターンA	2,500	300	12.0%
パターンB	2,500	340	13.6%
合計	5,000	640	12.8%

期待値

	リスト数	開封数	開封率
パターンA	2,500	320	12.8%
パターンB	2,500	320	12.8%
合計	5,000	640	12.8%

p値	0.114

　今回のケースでは、p値は「0.114」ということで有意水準の「0.05」より大きかった（0.114 ＞ 0.05）ので、「有意差があるとは言えない」という結論になります。パターンAとパターンBの開封率は1.6ptの差があったものの、統計的には有意差があるとは言えないのです。

ポイント

- A/Bテストを実施する際は、まず仮説を立ててからテストを行い、仮説をデータで裏付ける
- A/Bテストを実施する際には、検証のために変化させる箇所は1回のテストで1つに絞る
- 十分なデータ量（リスト数・開封数・クリック数）がなければ意味のある結果は得られない

5 - 4

顧客への「あと一押し」を
実現する

　ここまで、メールマーケティング単体で完結する振り返りの方法を紹介してきましたが、本節では少し発展的な内容として、営業部門との連携や細かいフォローアップにより成果を高める方法をご紹介します。

　今更のように聞こえるかもしれませんが、**メルマガは配信したら終わりではなく、配信によって得られた情報をもとに次にどうアクションを行うかが重要**です。そのアクションは、メールマーケティングの施策にとどまりません。営業部門との連携を行えばさらに高い成果が期待できます。

　実のところ、「開封した」「クリックした」といった行動は、メルマガを配信することによって得られる情報のごく一部でしかありません。

　より丁寧に見ていけば、「メルマガを開封したけれど、コンテンツ内のリンクはクリックしなかった」とか、「コンテンツ内のリンクはクリックしたけれど、ランディングページでコンバージョンしなかった」といった、成果につながらなかった行動が多数存在します。

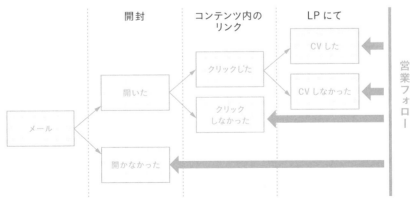

■図 5-2　メール配信時の顧客の行動例

しかし、図5-2で言う「LPでCVした」案件にしか着目していない企業がとても多いのが実情です。

　仮に図5-2のランディングページがセミナーの申し込みフォームであったとしましょう。ランディングページにてコンバージョンしなかった顧客は、メールを開いて申し込みフォームまで辿りついたにもかかわらず、なぜか入力を完了しなかったことになります。

　EFO（入力フォーム最適化）ツールを導入しているのであれば、なぜ最後まで入力しなかったのか、その理由をある程度までは明らかにできます。

　そこで得られたヒントをもとに、入力項目を減らしたり入力内容を単純化したりとフォームを改善していくことで、入力完了率を上げていくことができます。

　しかし、EFOツールのデータから仮説を立てて対策することはできますが、それですべての理由を網羅できるわけではありません。

　例えば、フォームに入力している途中に子供が泣きだしたので入力をやめてしまい、そのまま忘れてしまったのかもしれません。それはデータからは導き出せないことです。この顧客を再度振り向かせるには、デジタルな手法よりも営業担当がアプローチした方がよっぽどスピーディーで容易です。

　メルマガの配信だけでひとりでにコンバージョンする顧客よりも、「あと一押し」で態度変容を起こす顧客の方が多いのです。「あと一押し」をするには、メルマガの担当者と営業部門との連携は効果的です。

5-4-1. 営業部門と連携した「あと一押し」

　仮にリストにいる全員に営業担当が個別にアプローチするとしたら、潤沢な営業リソースが必要ですが、「ランディングページでフォームの入力を完了しなかった人」だけならそれほど労力はかかりません。

　「コンテンツ内のリンクをクリックしたけれどもコンバージョンしな

かった人」へのアプローチが終わったら、次は「メールを開封したけれども、コンテンツ内のリンクをクリックしなかった人」へと、どんどんアプローチする幅を広げていくのです。

とはいえアプローチの幅を広げるにつれ、「あと一押し」で態度変容を起こす人が含まれる割合は低くなるため、営業効率は悪化していきます。

そのため、営業リソースを投入する前に再度対象者を絞り込むか、メルマガの種類を増やして別の角度から営業対象者を増やすことを検討します。

例えばリンクをクリックしなかった人だけを抽出し、それに応じた内容でメールを再度配信すれば、さらに営業対象者を絞り込むことができます。また、Webサイトの行動履歴をトリガーとしたシナリオメールを配信することで、別の角度から営業対象者を増やすこともできます。

5-4-2. 営業部門がない場合の「あと一押し」

セルフサーブを基本としたネット専業のECサイトなど、営業部門が存在しない企業でも、「あと一押し」を実現することはできます。

例えばアパレル商材を扱ったネットショップを想定してみましょう。ネットショップが配信したメルマガをきっかけにWebサイトを訪れても、その全員が購入するわけではありません。

むしろ、Webサイトで商品を見ただけで離脱してしまった人、商品を買い物かご（カート）にいれたまま購入をしなかった人の方が多いでしょう。

営業部門が存在しない場合、デジタルな手段でいかに細かくフォローをしていくかが重要になってきます。

例えばあるネットショップでは、メルマガ経由でWebサイトを訪問したけれども何も購入しなかった顧客には、特別な割引クーポンを提供するという施策を行っています。

営業担当が個別にアプローチしているわけではないので、「なぜ買わなかったのか」をうかがい知ることはできませんが、割引クーポンは「あと一押し」に十分効果的な施策です。

　また、メルマガの配信結果と他のマーケティングの手段を連携することで、コストを抑制しつつ成果を高めることができます。

　例えば、ある企業ではメルマガとSMSの両方をマーケティングの手段として利用しています。

　SMSは1通当たりおよそ15円と比較的高めのコストがかかるのですが、メルマガに反応しなかった人だけに絞って配信することでコストを抑制しています。SMSは通知を有効にしている顧客が多いので、「あと一押し」につながります。

　また、同じことは郵送DMでも行えます。郵送DMは1通当たりのコストはメールの10倍以上かかりますが、手元に実体のあるものが届くので、非常に印象に残りやすく読んでもらえる可能性も高い施策です。こちらも有効な「あと一押し」です。

　ただし、デジタルのように反応が可視化できるわけではないので、無闇に配布するわけにもいきません。しかし、例えばメールを「開封した」もしくは「クリックした」人に配布するのであれば、コストも限定的になり試す価値が出てくるでしょう。

　このように、メールの配信によって得られた結果をもとに「あと一押し」のアプローチをする対象を判別すれば、より効率的な取り組みが可能になるのです。

第 **6** 章

迷惑メール
扱いを防ぐ対策
と知っておくべき
メールの法律

本章では、メルマガ担当者が必ずおさえてお
きたい重要な内容を扱います。メールが誤っ
て迷惑メールとして判定されないようにする
ために必要な「SPF」などの認証方法や、
気をつけたいポイントをご紹介します。広告・
宣伝のために送信されるメールを対象とする
特定電子メール法についてもご説明します。

迷惑メールフィルタの役割

メルマガ担当者の頭を一番悩ませるのが、**「迷惑メールフィルタ」に
よる誤判定**でしょう。

迷惑メールフィルタは、受信したメールをさまざまな角度から検証
し、正規のメールなのかそれとも迷惑メールなのかを判定する役目を
持っています。

**迷惑メールとして判定されたメールは、自動的に迷惑メールフォルダ
に振り分けられるため、顧客の目には届かなくなります。**

一般的には、顧客はお目当てのメールがメールボックスに届いていな
いことを認識しているとき以外は、わざわざ迷惑メールフォルダを覗き
に行きません。

つまり、迷惑メールフォルダに振り分けられた時点で、そのメールは
顧客にとっては元から存在していないのと同じです。

さらに悩ましいのが、配信したメールが迷惑メールフォルダに振り分
けられたかどうかは、配信元にはほぼ通達されないため、配信側はよっ
ぽど注意深く観察していないとそのことに気づけないところです。

メルマガの効果がなぜか落ちてきている原因が、実はかなり以前から
迷惑メールフォルダに振り分けられるようになっていたから、なんてこ
ともよくあります。

顧客からきちんとオプトインも取得している正規のメルマガなのに、
迷惑メールフィルタからは迷惑メールとして判定されてしまうという
「誤判定問題」。

残念ながらこの完全な解決方法はありません。しかし、対策を行うこ
とによってこの確率を大きく下げることは可能ですので、本節ではその
方法を解説します。

Statista 社の調査[1] によると、2020年10月から2021年9月にかけ全世界ではおよそ2,000億通のメールが配信され、驚くことにそのうちの約8割は迷惑メールです。

もし迷惑メールフィルタがきちんと働いていなければ、私たちの受信ボックスは迷惑メールで溢れてしまい仕事にならないでしょう。

これほど膨大な数のメールを目視で確認することは当然ながら不可能です。そのため迷惑メールフィルタは迷惑メールの特徴をパターン化して機械的に判別をしています。

一般的な迷惑メールフィルタでは、怪しいと思うポイントを加点式に積み上げ、その点数が一定の基準を超えたところで迷惑メールフォルダに振り分ける方式を採用しています。

迷惑メールフィルタがチェックしているポイントは複数ありますので、1カ所だけを対策したとしてもあまり意味はありません。

前職でメール配信ツールの事業責任者を務めていた際、顧客から「自社のメールが迷惑メールとして判定されるようになったので配信ツールを変更したい」という相談をよく受けていました。

迷惑メールとして判定された原因がそのツールに起因している、ということが明確に判明しているのであれば良いのですが、詳細を聞くと原因をきちんと把握して行動しているケースはまれでした。

この場合、ツールを変更しても他の部分に原因があるため、またすぐに迷惑メールとして振り分けられてしまうこともあり、ツールを乗り換えた分の手間とコストが無駄になってしまいます。

6-1-1. 迷惑メールフィルタの
チェックポイントと対策手段

そこで、迷惑メールフィルタがどのような部分をチェックしているのか、配信側はどのように対策すべきなのかを解説したいと思います。

1） https://www.statista.com/statistics/1270424/daily-spam-volume-global/

本書の読者は非エンジニアの方が多数かと思いますので、前半の「送信元認証」の技術的な部分はなるべく理解しやすいように一部簡略化していますことをご了承ください。

■ SPFでドメインの正確性を保証する

SPF（Sender Policy Framework）とは、**配信元のドメインが詐称されていないかどうかを証明するための仕組み**です。ドメインとは、メールアドレスの「@」の右側の部分です。

ドメインの詐称（なりすまし）は、技術的には難しいことではありません。皆さんの迷惑メールフォルダの中には、大手の通販会社やクレジットカード会社のFromアドレスを装ったメールがたくさんあることでしょう。

これらのメールは本当にそのFromアドレスからメールが送信されているわけではなく、あたかもそのメールアドレスから配信されたかのように、配信元を詐称しているのです。

残念ながらFromアドレスが正規のものなのか、それとも詐称されたものなのかは一目で判断することはできません。そこで有効なのがSPFです。

少し技術的な話になるのですが、インターネット上にはDNS（Domain Name System）という、ドメインの住所録のような仕組みがあります。

例えば「example.co.jp」というドメインは、インターネット上にあるサーバーなどの住所を私たち人間に理解しやすいように文字列として表現しているだけであって、本来の住所は「192.xxx.xxx.xxx」といったような数字の羅列です。この数字は「IPアドレス」と呼ばれます。

IPアドレスには、グローバルIPアドレスとプライベートIPアドレスの2種類があるのですが、グローバルIPアドレスは重複しないユニークな（一意の）アドレスであり、インターネットに接続する機器にはすべてグローバルIPアドレスが割り当てられています。

DNSには「このドメインが使っているグローバルIPアドレスはxxx.

xxx.xxx.xxx です」という情報が記載されていて、住所録のような役割を果たしているのです。

この仕組みを利用したのがSPFで、ドメインに関する情報を記録できる「ゾーンファイル」内にSPFレコードとして、「このドメインが使用するメールサーバーはxxx.xxx.xxx.xxx です」と、メールの送信に使用するサーバーのIPアドレスを記載します。

ドメインのゾーンファイルを編集できるのは、ドメインの編集権限を持っている人、つまりFromアドレスの正規の管理者だけであり、権限を持っていない第三者は編集できません。

迷惑メールフィルタは、受信したメールのドメインのSPFレコードに記載されているIPアドレスと、実際に送られてきたメールの送信元のIPアドレスとを見比べ、本来のIPアドレスと異なる場合はFromアドレスを詐称している可能性があると判断するのです。

なおSPFは、メールが転送されてきた場合や、メールのフィルタリングサービスなどの影響で、途中でメールサーバーが変わってしまった場合などに認証に失敗することがあるので、SPFで認証されなかったからと言って、そのすべてが送信元を詐称しているわけではありません。

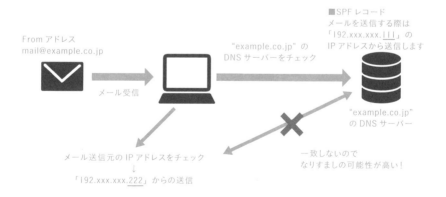

From アドレス
mail@example.co.jp

メール受信

"example.co.jp" の
DNS サーバーをチェック

■SPF レコード
メールを送信する際は
「192.xxx.xxx.111」の
IP アドレスから送信します

"example.co.jp"
の DNS サーバー

メール送信元の IP アドレスをチェック
↓
「192.xxx.xxx.222」からの送信

一致しないので
なりすましの可能性が高い！

■ 図 6-1　SPF 認証の流れ

■ DKIMでドメインとメールの正確性を認証する

ドメインを認証するためのもう1つの仕組みとして **DKIM**（Domain Keys Identified Mail）があります。DKIMは「ディーキム」と読みます。

SPFがドメインのゾーンファイルにてメールの送信元の正当性を認証するのに対して、**DKIMは電子署名を利用して、メールの送信元およびメールの内容に改竄がないかを認証する仕組み**です。

SPFと異なり配信元の電子署名を判定基準としているため、メールが転送されていたりして途中でメールサーバーが変わったとしても認証を行うことが可能です。

DKIMでは、メールの配信元はメールの送信時に「秘密鍵」という鍵を使ってメールに電子署名を付与します。

メールの受信者は、FromアドレスなどのDNSに登録されている「公開鍵」という鍵を使って、送られてきたメールの電子署名を検証し、なりすましや改竄がされていないかを確認するのです。

DKIMには、Fromアドレスで使用しているドメインとは異なるドメインで電子署名を行う「第三者署名」と、同じドメインで署名する「作成者署名」の2種類があり、後者の方がより強固なものとなりますが、設定の難易度は高くなります。

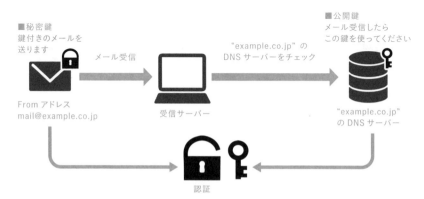

■ 図 6-2　DKIM 認証の流れ

■ DMARCで不正なメールの処理を指定する

DMARC（Domain-based Message Authentication, Reporting and Conformance）とは、**SPFやDKIMでの認証に失敗したメールをどう処理するかを配信元が決めることができる仕組み**です。「ディーマーク」と読みます。

SPFやDKIMを使うことで、受信者側に自社の正当性を伝えることはできますが、受け取った不正ななりすましメールをどうするかは受信者側の判断にかかっています。

DMARCでは、受信サーバーに対して認証に失敗したメールをどう処理するか、「none（何もしない）」「quarantine（隔離）」「reject（拒否）」の3つのポリシーから指定することができます。

例えば金融機関など、なりすまされることが信用失墜や大きな被害に繋がりうる場合、DMARCで「reject（拒否）」と指定しておけば、認証に失敗したメールは受信サーバーに拒否されるため、受信者のメールボックスには入りません。

これにより、顧客の被害を抑えるとともに自社の信頼性向上にもつながるのです。

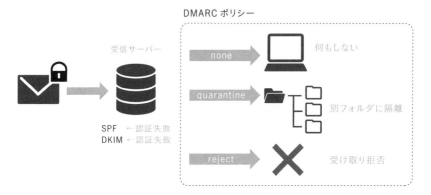

■ 図6-3　DMARCによるポリシーの指定

■ BIMIでFromアドレスに自社のロゴを表示する

BIMI(Brand Indicators for Message Identification) とは、**送信したメールのFromアドレスの横に自社のブランドロゴを表示する仕組み**です。「ビミ」と読みます。

2020年という比較的近年に登場した認証技術ですが、Yahoo! メールやGmailなどシェアの高いメールクライアントが次々と採用しているため、これから一般化することが予想されます。

BIMIを使用するためにはDMARCを設定した上に「quarantine(隔離)」か「reject(拒否)」のポリシーを採用しなければいけません。

また、ドメインのゾーンファイルにてTXTレコードを編集する必要もあります。

これも認証方式の1つなので、設定することで到達率の向上が見込めますが、それ以上にメールの一覧画面で顧客にロゴで送信元を認識してもらうという視覚的な意味合いもあり、BIMIの有無が開封率に影響するとも言われています。

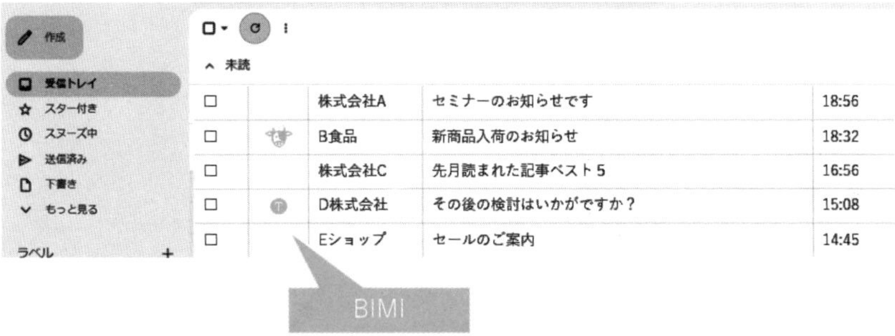

■ 図 6-4　BIMI の表示例

これまで紹介したSPF、DKIM、DMARC、BIMIはいずれも配信元の正当性を証明するための認証技術です。

迷惑メール対策推進協議会が発行する「迷惑メール白書2021」[2] によると、「.jp」ドメイン全体での2020年3月のSPFの導入率は最大92.2%、DKIMは最大65.1%、DMARCは1.6%ほどとなっています。

認証については技術的な要素もあり、少し難しく感じたかもしれません。設定の難易度は高いのですが、一度設定をしてしまえばそれほど頻繁に修正するものでもありません。

認証を設定していることで、迷惑メールの誤判定防止に有利に働きますので可能な限り設定を行いましょう。

■ 迷惑メールフィルタがチェックしているIPレピュテーション

ここまでご紹介した認証技術以外に、メルマガの配信元が正規の配信元かどうかを確認するために、**迷惑メールフィルタはIPアドレスのレピュテーション（評価・評判）もチェックしています。**

グローバルIPアドレスはISP（インターネット接続業者）や外部機関などによって、その評価を点数化して管理・公開されており、これを「**IPレピュテーション**」といいます。

迷惑メールフィルタは送信元のIPレピュテーションをチェックし、スコアが低い場合は迷惑メールの疑いがあるとして処理をするのです。

IPレピュテーションを確認するための管理ツールは複数あり、GoogleのPostmaster Tools[3] などで無料で確認できます。

Postmaster ToolsでIPレピュテーションを確認すると、自社の送信サーバーのIPの状態が「高/中/低/悪い」の4つのうちのどれかに分類されているのを確認することができます。

評価が低いようならば、高めるために改善を行わなければなりません。IPレピュテーションの評価基準は 6-2 で説明します。

---

2)　https://www.dekyo.or.jp/soudan/aspc/wp.html
3)　https://postmaster.google.com/

■ IPレピュテーションを高めるためのIPウォームアップ

IPアドレスの「評価」を獲得し、**IP レピュテーションを高めるためには、そのIP アドレスを持つサーバーなどをこれまで正しく運用してきたかという実績が重要**です。

つまり、まったくメールを配信したことのないサーバーから突然大量のメールを配信した場合、そのサーバーのIP アドレスには実績がないため、迷惑メールフィルタから厳しくチェックをされることになります。

今後、一定量のメールを配信することを想定しているのであれば、IPレピュテーションは重要です。

IP レピュテーションで正しい評価を受けるためには、まずは少量のメールを配信するところからはじめ、徐々に配信量を増やしていくことで信頼を獲得していくことになります。これを**IP ウォームアップ**といいます。

自社でメールサーバーを立てる場合や、メール配信ツールで固定のグローバルIP アドレスを付与される場合はとても重要な作業となります。

メール配信システムを使用している場合、IP ウォームアップを含むIPレピュテーションのコントロールはベンダー側で実施されているはずですが、気になるようなら、どのように運用されているかベンダーに確認するようにしましょう。

コラム

いまや認証設定は必須に

2024年現在、Gmailによる「メール送信者のガイドライン」[4] のアップデートが注目されています。

アップデートにより、個人用Gmailアカウントに対しメールを送信する送信者には、SPFまたはDKIMの設定が求められています。

また、1日あたり5,000件以上のメールを送信する「一括送信者」には、SPF・DKIM・DMARCすべての設定が必要になっています。

ガイドラインに違反した場合、メールが迷惑メールに振り分けられたり、ブロックされたりする措置を受けることになります。

つまり、今後はSPF・DKIM・DMARCの設定については必須であるということですので、すぐに必ず設定を行うようにしましょう。

また、認証設定ではありませんが一括送信者は「簡単に登録解除できるようにする」という条件を満たすために、「List-Unsubscribeヘッダー」の設定が求められます。こちらについては、6-2-3 もご確認ください。

---

4) https://support.google.com/a/answer/81126?hl=ja

気をつけたいメール配信の
ポイント

6-1 で説明した「IP レピュテーション」のスコアが低くなる原因はいくつかあるのですが、その1つが不達率（1-2参照）です。

迷惑メール業者は、「下手な鉄砲も数撃ちゃ当たる」と膨大なメールを配信するため、そのための大量のリストが必要になります。

そのため、非合法の名簿業者から個人のメールアドレスを大量に購入したり、ランダムな文字列を組み合わせてメールアドレスを作成したりします。当然ながら、これらクリーニングされていないメールアドレスに送信したメールの不達率は高くなります。

迷惑メール業者はリストを精査することなく常に新しいメールアドレスを追加し続けるため、恒常的に不達率が高いメールを配信しています。

そのため、不達率が高いメールを配信し続けているということは、それだけで IP レピュテーションを下げる要因となり迷惑メールと判定される可能性が高くなります。

これを避けるためにリストのエラー管理はきちんと行う必要があります。エラー管理については、2-4をご覧ください。

6-2-1. トラップアドレスに注意しよう

一般的な企業なら、エラー管理を行うことで不達率が高くならないよう気を付けているはずですが、もうひとつ気を付けなければいけないのが「**トラップアドレス**」の存在です。

トラップアドレスとは、リストの管理が適切になされているかどうかを調べる第三者機関が迷惑メール業者を判定するための手段の1つです。

トラップアドレスにはいくつか種類があるのですが、例えば第三者機

関が用意した特定のメールアドレスへの送付がされていないかチェックする方法があります。

このメールアドレスは使われることのないメールアドレスであり、そこにメールが送付されるということは、配信元は適切なオプトインを行っていないという証明になるのです。

適切にリストを入手しているにもかかわらず、このトラップアドレスがリストに登録されてしまっている場合は悪意あるユーザーによるいたずらの可能性もあります。

このようないたずらを未然に防ぐためには、メルマガの登録を2段階にする「ダブルオプトイン方式」が有効です。ダブルオプトイン方式については、2-4 で解説しています。

ダブルオプトイン方式では、登録した本来のメールアドレスの管理者でない限り登録を完了させることができず、いたずら登録を防ぐことができます。

また、トラップアドレスの手法として、代表的なドメインの入力ミスをチェックするという手法もあります。

Gmailの正しいドメイン名は「gmail.com」ですが、その文字列の一カ所を変更したもの、例えば「gmai.com」や「gmeil.com」といったドメインを第三者機関が取得しておき、ここにメールが送付されるということは配信元が適切にメールアドレスを管理していないという証明としているのです。

GmailのほかにもYahoo!やOutlookなど代表的なドメインが対象となります。これは、顧客による入力ミス以外にも、名刺データなどをリストに入力する際に誤認識や誤入力によって発生しやすいので気を付けましょう。

顧客の入力ミスはダブルオプトイン方式を採用することで防げますが、後者を防ぐには名刺などの紙ベースではなく、なるべくデジタルな手段でメールアドレスを収集するようにするしかありません。

6-2-2. 詐欺に利用されがちなフレーズは避ける

　迷惑メールフィルタは、メールの内容に詐欺などに利用されがちなフレーズが使われていないかチェックしています。

　例えば「無料」、「誰でも」、「副業」、「借金」、「秘密」などのフレーズは迷惑メールに頻繁に使われるものです。

　これらの文言が使われているからといってただちに迷惑メールとして扱われるわけではありませんが、文章内に頻出させるのは避けた方がいいでしょう。

6-2-3. 購読解除の導線は明示する

　迷惑メールフィルタによっては、コンテンツ内のURLもチェックしているようです。

　米国ではCAN-SPAM法、日本では特定電子メール法によって、メルマガには購読解除（オプトアウト）の導線をコンテンツ内で明示することが必要とされています。

　この導線がコンテンツ内にないことでマイナス評価を受けることがありますので、必ず設定しなければいけません。

　また、仮に購読解除の導線がない・わかりづらい場合、1-2でも解説したように顧客はメールクライアントの「迷惑メールとして報告する」機能を利用する可能性があります。

　この機能が利用されるとIPレピュテーションに大きく影響しますので、顧客が認識しやすい位置に購読解除の導線を明示するようにしましょう。

　なお、p.215のコラムで触れた「List-Unsubscribeヘッダー」と、メールコンテンツ内の「購読解除導線」は別物です。前者はCAN-SPAM法に対応するためのものであり、後者は日本の特定電子メール法で定められているものです。

　つまり、日本でメルマガを配信する際に、読者にGmailアカウント利用者が多数含まれている場合は「List-Unsubscribeヘッダー」と「購読解除導線」の両方に対応していなければいけないということになります。

6-2-4. 短縮URLの利用は避ける

　見た目の問題などで、本来のURLを加工し、別の短いURLを提供する短縮URLサービスを利用している企業も多いでしょう。

　しかし、フィッシングサイトなどへの誘導を狙っている迷惑メールでも、偽のURLを隠すために短縮URLが利用されており、悪用されているケースも後を絶ちません。

　そのため、短縮URLサービスが使用しているドメイン自体が迷惑メールフィルタのブラックリストとして登録されている場合があります。

　そして、ブラックリストに載っているということは、短縮URLサービスをメールのコンテンツで使用すると迷惑メールとして判定されてしまう可能性が高まるということです。

　基本的には、短縮URLサービスは一斉配信のメールでは利用しない方がいいでしょう。

6-2-5. 迷惑メールと判定されないよう、　　　配信元が努力する

　迷惑メールフィルタの多くは「ベイジアンフィルタ」と呼ばれるアルゴリズムを使った機械学習処理を行っています。

　これは事前に正規のメールと迷惑メールの定義を決めておき、以降メールボックスが受け取ったメールをその定義に当てはめ、判別を繰り返すことで精度を高めていく仕組みです。

　この仕組みにより、迷惑メールフィルタは日々進化を遂げており誤判定も減っていますが、配信元も迷惑メールだと疑われないよう努力する

必要があります。6-1 と 6-2 で挙げた対策ができていないところがあれば改善を行いましょう。

6-3

知っておくべき 特定電子メール法

メルマガを送る場合、特定電子メール法は必ず理解しておきましょう。特定電子メール法は、正式には「特定電子メールの送信の適正化等に関する法律」という名前の法律です。

特定電子メール法では送信者情報を偽ったいわゆる「なりすましメール」が禁止されているほか、メルマガを送る際のルールが細かく記載されています。

本書をお読みの皆さんは、意図的に迷惑メールを配信しているということはないでしょうが、実は知らず知らずのうちに法律に違反している、ということはありえます。

実際に私がコンサルティングしたいくつかの企業では、特定電子メール法を正しく理解していないまま何年も運用を続けていたケースもありました。

この法律に違反し、送信者が総務大臣や消費者庁長官の命令に従わなかった場合には、最大で1年以下の懲役もしくは100万円以下の罰金に処せられます。

なお、迷惑メールを送信したのが法人による行為の場合は、行為者自身も罰せられる上に、その所属する法人に対しては3,000万円以下の罰金が科されます。

行為者自身が罰せられるということは、「会社の（間違った）手順に従ってやっただけ」、「上司から指示されたとおりにやっただけ」であったとしても、**作業をした本人が罰せられる可能性がある**ということです。

また、送信業務を委託した場合も同じように法律は適用されますので、委託先が正しく運用しているように管理する必要があります。

以下では、特定電子メール法の重要な部分をピックアップして解説します。

6-3-1. どのようなメールが対象となるか

この法律が対象としているのは**「広告・宣伝のために送信される」**
メールです。広告・宣伝のためではない、例えば請求のお知らせや事務
連絡、非営利団体や政治団体、個人が営業目的外で出すメールは対象外
となります。2024年4月現在は、SNSで送られるメッセージも規制対象
外となっています。

また、国内で受信するメールを対象としており、たとえ送信元が海外
であったとしても規制の対象となります。電話番号でメッセージをやり
とりするSMS（ショートメッセージサービス）も対象に含まれます。

なお、**ネットショッピングや通信販売などを行っている場合は、「特**
定商取引に関する法律（特定商取引法）」が優先して適用されます。

両者で守るべきポイントは似たようなものなのですが、特定電子メー
ル法がメールの送信者に対する規制なのに対して、特定商取引法は広告
主に対する規制となっています。

また、罰則についても特定商取引法に関しては懲役刑などの刑事罰が
導入されており、特定電子メール法よりも厳しい内容となっています。

6-3-2. オプトインは法的に必須

特定電子メール法では、メルマガは「受信を希望する人が自らの意思
で登録している」ことが求められています。

オプトインとは、「参加」や「承諾」という意味を持った英語で、メ
ルマガが送られてくることをあらかじめ「許諾」した人に対してのみ広
告・宣伝メールを送ってもよいということです。

オプトインを得る際には、**受信者からの同意を明確に得る**必要があり
ます。

拡大しなければ読めないほどの小さな文字や、背景色と一体化するよ
うな目立たない文字色を使った案内はしてはいけません。

　また、やたらと長い利用規約を用意し、ずっとスクロールしなければメルマガについての記述にたどり着けないというのもNGです。

　また、同意をすることで「関連サイト」や「姉妹サイト」からもメルマガが送られるといった書き方では、顧客が誰からメールが来るのか具体的に特定することが困難なため、明確に同意を得ているとは認められません。

　セミナーを複数企業で共催して開催する場合など、セミナー後にそれぞれの企業から顧客にメールを送るのであれば、申し込みフォームなどにおいて、それぞれの企業から連絡が行くことを具体的に明示する必要があります。

　オプトインの同意を得る場合に、申し込みフォーム内のチェックボックスを使用することもあると思いますが、チェックボックスは「デフォルトオフ（チェックが外れている）」の状態が推奨されています。

　ただし、「デフォルトオン（最初からチェックが入っている）」であったとしても閲覧した人がメルマガを受信することが明確になっており、チェックを外さなければメルマガが来ることが間違いなく認識されるのであれば問題はありません。

　なお、特定電子メール法では他人のなりすましによるメルマガ登録を防ぐためにも、2-4で解説したダブルオプトインが推奨されています。

■ 同意を得るためにメールを送ってもよいか

　オプトインを得るために、メルマガを送る同意を得ていない人に対してメールを送ってもよいかという相談をよく受けますが、当然ながら自社の顧客でないのであれば送ることはできません。

　例えば個人のメールアドレスを名簿業者などから購入して、自社のメルマガへ登録を促すためのメールを送るなどということはできません。

　同意を得るためのメールを送ることが可能なのは、過去に顧客自身からメールアドレスの提供を受けている場合など、限られたケースだけで

すのでご注意ください。

■ 同意の記録は保存しておく

　私がコンサルした企業の多くで認識されていなかったのですが、**顧客がオプトインしたことの記録**（同意を取得した状況や日付）**は保存する義務があります。**

　申し込み用紙など、紙で個別に同意を得た場合などは、それを保存しておく必要があるということはイメージしやすいと思います。

　しかし、いまは申し込みフォームや資料請求フォームなど、フォームで取得しているケースがほとんどかと思いますが、こちらも保存が必要なのです。

　フォームなどで同意を取得している場合は「当該通信文のうち定型的な部分」（同意の取得に際して示す当該ウェブサイトの画面構成）を保存することが求められています。

　フォーム画面の全体をキャプチャしておき、利用していた時期とともに残しておくようにしましょう。

　なお、これらの情報は、メルマガを送らなくなった日から１カ月を経過する日まで保存（規定を遵守していないとして措置命令を受けた場合は１年間の保存）が必要となります。

　また、メルマガの配信元が特定商取引法の対象となる個人・企業の場合は、これらの記録に加えて、請求・承諾があったことを示す書面または電子データの記録を３年間保存する必要があります。

■ オプトイン規制の例外

　このオプトイン規制には例外が存在し、明確に同意を得ていなくてもメルマガを送ることができるケースが存在します。

　例えば「名刺交換」をした人に対しては改めてオプトインを取得する必要はありません。名刺交換をしたということは、自分の情報を自ら相

手に開示しており、メールが送られてくることが十分に予測できるためです。なお、オンライン商談はオプトイン規制の対象です。直接の名刺交換と異なりメルマガを送付することはできません。

また、「(継続的に)取引関係にある」人に対しても同じくオプトインを得る必要はありません。例えば、証券会社が自社の口座を持っている人に対してメルマガを送る場合や、卸問屋が取引先にメルマガを送る場合も問題ありません。

また、自社の顧客に対する事務的な連絡に、おまけのような形で広告が入っている場合も問題ありません。例えば請求書をメールで送る場合に、メールの下部に少し広告が入っていたとしても大丈夫ということです。

そのほか、自社のWebサイトなどでメールアドレスを公表している企業に対してもメルマガを送信して構いません。ただし、メルマガの送信を拒否する旨を明示している場合は送ってはいけません。

Webサイトで公表されている法人のメールアドレスを名簿化して提供するサービスを利用する場合は、名簿業者がきちんとスクリーニングを行い、メルマガ送付を拒否している企業をリストから外しているか、必ず確認しましょう。

特定電子メール法は送信者を対象とした法律であるため、責任は名簿業者ではなく利用する企業にありますので、注意が必要です。

なお、オプトインの例外に該当したとしても、後述する「オプトアウト」は適用されますので、オプトアウトの意思を示した相手には以降のメール送信を行ってはいけません。

なお、法的に問題なく入手したリストだとしても、そこにメールを送ることが効果的かどうかはきちんと考える必要があります。

メールマーケティングで重要なのはリストの量ではなく質である以上、態度変容を起こす可能性がほとんどない人々に向かって一方的にメルマガを送信するのは好ましいとは言えません。

■ メールのコンテンツ内での表示義務

　特定電子メール法においては、送信するメールのコンテンツにおいて表示が義務づけられているものがあり、以下の情報は必ず含めなければいけません。

- 送信者の氏名または名称（正式名称でありサービス名やブランド名は不可）、住所
- 苦情や問い合わせの連絡先（電話番号・メールアドレス・URLなど）
- オプトアウトの通知ができる旨とその通知先（メールアドレスまたはURL）

　これらの情報は、顧客にわかりやすく表示することが求められています。

　なお、URLについては遷移先で何度もクリックしないと目的を達成できない場合は表示として不適当とされています。

　差出人名の詐称、いわゆる「なりすましメール」もこの表示義務の違反となります。

■ オプトアウトされたら配信を停止する

　オプトアウト（Opt-out）とは、「脱退」という意味を持った英語で、メルマガの購読解除・配信停止を指します。

　顧客がオプトアウトした場合は、当然ですが以降はメルマガを送信してはいけません。

　オプトアウトについては、例えばセールの案内はいらないけれども新商品の案内は欲しいとか、一定の期間だけ送らないようにしてほしいといった、条件を指定したものも可能です。

　なお、オプトアウトにも例外があり、広告や宣伝とは別の目的を持つメールに少し広告が表示されている場合は、オプトアウトの対象外になります。

　以上が特定電子メール法の概要になります。

　特定電子メール法の全文は総務省の「電気通信消費者情報コーナー」[5]で確認できますし、総務省から委託を受けた一般財団法人日本データ通信協会のWebサイト[6]では迷惑メール全般に関する詳しい情報を得ることができますので、詳しく知りたい方はご参照ください。

> **ポイント**
>
> - メルマガ送信者は特定電子メール法を必ず理解しておかなければならない
> - ネットショッピングや通信販売などを行っている場合は、特定商取引法が優先して適用される
> - メルマガは自らの意思で「オプトイン（承諾）」を行った顧客に対してのみ送信ができる
> - メールのコンテンツには「送信者の名称」「住所や電話番号」「購読解除の導線」を表示するよう定められている
> - 「オプトアウト（脱退）」した顧客に対してメールを送ってはならない

----

5) https://www.soumu.go.jp/main_sosiki/joho_tsusin/d_syohi/m_mail.html
6) https://www.dekyo.or.jp/soudan/

会員特典データのご案内

本書の会員特典として、表計算ソフトで使える「メールマーケティング指標振り返りシート」(p.188参照)と「カイ二乗検定シート」(p.197参照)を提供しています。会員特典データは、以下のサイトからダウンロードして入手いただけます。

https://www.shoeisha.co.jp/book/present/9784798186207

※会員特典データのファイルは圧縮されています。ダウンロードしたファイルをダブルクリックすると、ファイルが解凍され、利用いただけます。

● 注意

※会員特典データのダウンロードには、SHOEISHA iD（翔泳社が運営する無料の会員制度）への会員登録が必要です。詳しくは、Webサイトをご覧ください。

※会員特典データに関する権利は著者および株式会社翔泳社が所有しています。許可なく配布したり、Webサイトに転載することはできません。

※会員特典データの提供は予告なく終了することがあります。あらかじめご了承ください。

※図書館利用者の方もダウンロード可能です。

● 免責事項

※会員特典データの提供にあたっては正確な記述につとめましたが、著者や出版社などのいずれも、その内容に対してなんらかの保証をするものではなく、内容やサンプルに基づくいかなる運用結果に関してもいっさいの責任を負いません。

※会員特典データで提供するファイルは、Microsoft Excelで動作を確認しています。以前のバージョンでも利用できますが、一部機能が失われる可能性があります。

INDEX

おわりに

　私がメールマーケティングについて本格的に関わり始めたのは2016年ごろのことです。当時、私はメール配信サービスの総責任者をつとめていたのですが、あるとき自分の大きな勘違いに気づかされました。

　世の中にはメール配信を行うためのツールを提供している企業は数多くあるのですが、自社も含め、どの企業も「当社はA社より機能が豊富です」とか「B社よりも配信速度が速いです」といった“機能や性能の違い”を自社の強みと考えていました。

　しかし、お客様とお話しをしていると、「メールをどう使ったら売上が上がるのか」という具体的な方法を求めているとわかり、私たちが考える強みとお客様のニーズには大きな乖離があったのです。

　このとき、私は「手段」と「目的」を混同していることに気づきました。

　しかし、実際に自分で「メルマガで売上を上げる方法」を調べようとしても、「罫線を使ってメルマガを見やすく」とか「親しみやすい文章で顧客との距離を縮める」など、レイアウトや文章の書き方に関する情報ばかりで、「売上を上げる」という直接的な要求に対して満足できる回答を得ることはできませんでした。

　そこで、誰もやっていないのならば自分がリーダーになるべきだと考え、メールマーケティングのエバンジェリストとして、情報収集と実践に励み、その結果をブログやX(Twitter)で積極的に情報発信を行うようになりました。

　本書では、私が調査と実践を重ね、良い結果を残せた手法だけを記しています。大きな労力と時間を費やし、幾度となく失敗を経験しましたが、こんな苦労は私1人で十分です。

　私の目標は「誰でも80点のメールマーケティングができるようになること」です。

　本書に記されている基本を理解いただければ、誰でも80点のメールマーケティングが実践できるでしょう。80点で十分です。メールマーケティングで100点を目指すのは非効率で、残りの20点を追求するよりもほかのマーケティング施策を実施したほうが遥かに効果的です。

世の中にはまだ多くの未熟なメルマガがあります。私は仕事柄（半分以上趣味で）毎日100通以上のメルマガを受信していますが、80点以上のメルマガを発行している企業は半数にも満たないのが現実です。

　これはマーケッターが悪いわけではありません。正しい方法をしっかりと説明してこなかった私たちの責任です。

　情報発信を続けることで、おかげさまで、さまざまな企業から講演の機会を頂けるようになりました。しかし、私が提唱したテクニックの一部が誤って伝えられ、切り取られてしまうケースも見られるようになってしまいました。

　そんな折、マーケティングに携わる先輩たちから「君の知識を1冊の書籍にまとめるべきだ」とのアドバイスを受けました。世の中からイケてないメルマガを一掃し、読者の皆さんの負担を軽減することを心から願い、本書を書き上げました。

　書籍の出版にあたって、株式会社ラクスの中村崇則社長、株式会社WACULの大淵亮平社長、垣内勇威代表の支援に深く感謝しています。

　また執筆中、休日も朝から夜まで部屋にこもる私を優しく見守り続けてくれた妻、一緒に遊びに行きたいという気持ちをぐっとこらえて我慢してくれた娘、そして私が逃げ出さないよう部屋の前で見張ってくれていた愛犬アクアにも、心から感謝しています。

　本書が世の中のメルマガをわずかでも改善し、皆さんが成果を生み出す一助となれば幸いです。

2024年7月
メールマーケティング・エバンジェリスト 安藤 健作

安藤 健作（あんどう・けんさく）

早稲田大学卒業後、株式会社丸井を経て、2006年に株式会社ラクスに入社。同社にてCS組織の立ち上げを行ったのち、マーケティングマネージャへ。その後、2016年よりメールマーケティングサービス「配配メール」の事業責任者となる。メールマーケティングのエバンジェリストとして『現場のプロが教える！BtoB マーケティングの基礎知識』（マイナビ出版／共著）を出版。2022年7月より株式会社WACULにジョインし、現在は執行役員CMOを務める。

装丁・本文デザイン　沢田幸平（happeace）
DTP　　　　　　　　BUCH⁺

メールマーケティングの教科書
誰でも成果を生み出せるメルマガの定石

2024年7月22日　初版第1刷発行

著　者　　　安藤 健作
発行人　　　佐々木 幹夫
発行所　　　株式会社翔泳社（https://www.shoeisha.co.jp）
印刷・製本　日経印刷株式会社

ISBN 978-4-7981-8620-7

Printed in Japan